나에게 쓰는 편지

김계종 수필집

| 책을 펼치면서 |

곱게 살고 싶었다.
몸은 물론 마음으로도 곱게 늙고 싶었다.

이 글들은 노릇노릇 잘 익은 내 마음의 산책이요, 독백(獨白)이다.
그 속에는 내 인생의 향취와 여운이 숨어 있으리라는 믿음을 겸허히 가져본다.

그동안 이곳저곳에 실렸던 글들을 모아 보았다.

더 좋은 글, 더 깊이 있는 글을 쓰고 싶었는데 아쉽다.
솔직히 쓰려다보니 어설픈 내 자랑을 많이 한 것 같아 부끄럽다.
어느 누군가에게 내 글이 따뜻한 위로가 되었으면 좋겠다.

나와 더불어 이 시대를 살아가는 모든 아름다운 인연들에게 사랑과 감사를 드린다.

2023년 6월에

김 계 종

| 목차 |

책을 펼치면서 … 2

1부 · 진료약속부
진료 약속부 … 8
치과의사의 백발 … 16
서울치대 20회 졸업 50주년을 회고하며 … 22
끽연(喫煙)과 금연(禁煙) … 32
동숭동 골목에서 길을 찾다 … 43
마지막 선물 … 52
작금의 치과계 행태에 '통탄'한다 … 58

2부 · 나에게 쓰는 편지
메모리 … 66
나에게 쓰는 편지 … 78
나를 사랑하자 … 81
삼모작 … 86
세실리아에게 … 94
아버지의 용돈 … 112
편지 같은 유서 … 116
한 장의 사진 … 125

3부 · 굿바이, 패티김!
굿바이, 패티김! … 138
걸어서 세계속으로 … 144
꽈배기 … 152
뻐꾸기시계 … 158
소눈깔 … 164
슬기로운 군포생활 … 174
만병통치약 … 183
코로나19로 인해 변해버린 나의 삶 … 194
호랑나비 … 201

4부 · 내 문학의 시원(始原)을 찾아서
내 문학의 시원(始原)을 찾아서 … 206
환경과 문학 … 214
합평(合評) … 224
알을 깨고 시의 세계로 날고 싶다 … 228
스페로 스페라 … 230
수리샘문학회 입문기 … 232
수리샘 18호 발간에 즈음하여 … 238
열린 뜻 … 242

작품 해설
므네메적 상상력과 연어의 회귀 … 248

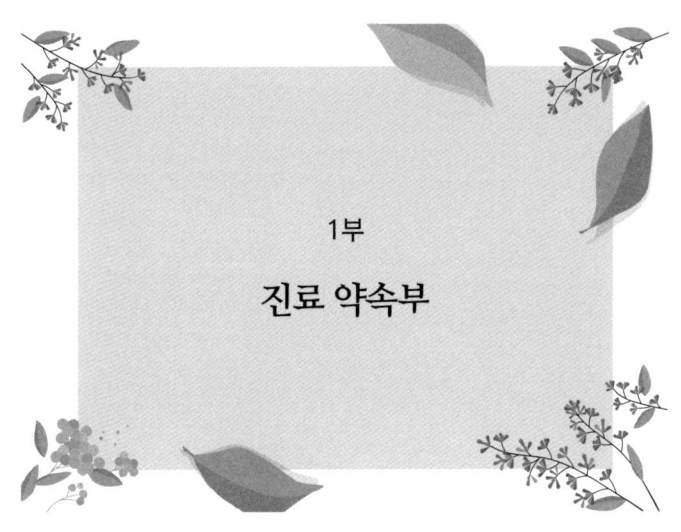

1부

진료 약속부

진료 약속부

약속(約束)의 사전적 의미는 깨라고 있는 것이 아니라 지키라고 있는 것이나, 깨질 가능성 또한 있는 것. 다른 사람과 어디서 무엇을 어떻게 할 것인가를 정하는 것, 혹은 그렇게 정한 내용을 뜻하는 단어이다.

하나님과 인간 사이에 맺어진 약속, 즉 성경의 말씀이다. 모세를 통하여 세운 언약이 구약이고 예수님을 통해 세운 언약이 신약이다. 하나님은 사람과의 이 언약의 말씀을 예언하시고 그 약속을 반드시 이루시면서 구원과 천국과 영생의 믿음을 증거하고 있는 것이다.

결혼서약도 서로 사랑하는 사람과의 약속이다. 교통신호도 사람과 사람의 약속이다. 약속은 믿음이다. 서로간의 믿음이 없으면 약속도 이루어질 수 없고 이 약속이 깨질 경우에 혼란 속에 질서가 무너지는 것이다.

사람의 역사는 약속의 역사라고 해도 과언이 아닐 것이다. 약속은 사람을 살리기도 하고 사람을 죽이기도 한다. 많은 약속 중에서도 가장 아름다운 약속은 역시 사랑의 약속이 아닌가 싶다.

일상생활에서의 약속은 대부분 사람들과의 만남을 가지기 위해 하는 약속이 대부분이다. 당연하지만 별거 아닌 약속이라 할지라도 어기면 다른 사람의 신뢰를 잃게 되므로 일단 해둔 약속은 가능한 한 지키고 늦지 않는 게 좋다.

당일에 잡지 않는 게 상식이다. 피치 못하게 늦거나 참여하지 못하게 된다면 사전에 연락하는 것도 사회생활의 필수적인 예의 중 하나일 것이다. 그래서 사람의 기억은 때로 잊을 수 있기에 약속 즉시 기록해 두는 것이 좋다.

환자와 의사의 약속 또한 중요한 의미를 가진다. 의사와 환자 서로 상호간에 믿음이 있어야 한다. 따라서 진료와 검사와 수술 날짜 등을 서로 예약하고 약속하는 것을 기록한 장부가 절실히 필요한데 이것이 환자진료약속부이다.

1966년 치과대학을 힘들게 졸업하고 바로 군의관으로 군복무를 시작했다. 집안 형편도 경제적으로 어려워 대학원 진학도, 전문의 수련과정도 할 수도 없었거니와 그때는 인턴 급여보다 육군 중위 봉급이 훨씬 많았다. 더구나 치과대학 부속병원 시설이 일제식민지시대부터 시설한 노후시설이 대부분이었는데, 육군병원 치과부 시설이나 야전 치과 치료세트의 장비와 기구 약품 등 당시 미군의 원조와 협조로 미국의 최신식 시설과 장비와 기구와 약품들로 되어 있어 치과대학병원 시설보다 훨씬 훌륭했고 새로운 치과의술과 교육 또한 보다 앞선 선진 치과병원이었다고 기억하고 있다.

1960년 군 OJT(on the job trainning coarse)교육의 일환으로 한국 치과군의관을 미국에 있는 군병원에 파견근무를 보내는 제도가 있었다. 그 당시 낙후된 치과의술은 선진 치과의술을 배울 수 있는 절호의 기회였다. 많은 선배장교들이 1년 내지 2년의 교육기간 동안 선진치과의술을 정말 열심히 배우고 익혀 가지고 귀국해서 선후배 군의관과 문관 기공사들에게 전수하여 주었다. 그들 선배 장교들은 동시에 군 A급 병원(지금의 국군통합병원)에서 전공의 수련을 받는 인턴, 레지던트들(ARMY TRAINING COARSE)에게 지도와 훈련을 담당하기도 했다. 그래서 기존 종합대학병원이나 일반 개업의들보다 앞서 선진치과의료학을 받아들였다. 예를 들자면 그 당시는 가철성국소의치(부분틀니), 총의치(전체틀니)를 와이어로 그 뼈대(bar, frame)와 클래스프(clasp)를 만들고 레진상(resin)으로 제작해 왔다. 그런데 미국에서 타이코늄(Ticonium)이라는 새로운 금속을 발명하여 틀니의 뼈대, 프레임, 클래스프를 타이코늄 온피스 주조(On piece casting)방법으로 제작하는 치과 보철학계의 놀랍고 혁신적인 변화가 일어난 것이다. 이런 혁신적인 금속과 의치의 설계, 디자인, 주조 방법 등을 미국에 OJT교육으로 파견된 선배장교들이 미국에 있는 미군 중앙치과 기공소에서 이런 선진 기술을 배우고 익혀 우리나라에 와서 보급함으로서 우리나라 치과계의 발전에 많은 기여를 했다. 많은 선배장교들이 미국까지 가서 직접 OJT 파견 교육을 받고 온 다음 수년이 지나서 그 제도가 없어졌고 국내에 주둔한 미군 병원들이 부분적으로 시행하기도 했지만 월남전이 시작되었을 때 슬며시 없어진 걸로 기억하고 있다.

필자도 1969년 수도통합병원 보철과 레지던트로 수련 중 막강한 경쟁률을 뚫고 1명의 미군 OJT 교육 파견 치과군의관으로서 선발되어 용산 미8군 주한미군사고문단(KMAG) 앞에 있는 548 육군진료소(Army Dispensary) 옆에 있는 10치과파견근무대(10th Dental Detachment)에서 근무하게 되었다. 분명 한국 땅 용산인데 처음 미8군 정문을 들어섰을 때, 그 녹색 넓은 잔디와 미국식 건물과 식당과 숙소는 정말 이국적이고 딴 나라 풍경이었다. 삼각지 로터리에서에서 이태원 쪽을 바라보면 좌측엔 주요 미군 부대 사무실과 벙커가 있고 우측엔 주로 장교식당, 장교숙소, 운동장, 골프장, 기타 부대시설로 되어 있었다. 1년을 미군장교식당에서 먹고, 미군장교숙소(BOQ)에서 자고 10여명의 치과군의관들과 20여명의 미하사관, 미군위생병, 카투사 한국위생병들과 같이 치과진료소에서 정말 재미있게 근무를 했다. 그 파견치과진료소에는 10명의 미 육군 치과군의관이 있었는데, 중위는 없었고 대개 대위, 소령, 중령이 근무했다. 그들은 나에게 친절하게 대했고 캡틴 김이라고 부르지 않고 닥터 김이라고 불러주었다. 그 장교들은 서로 페리오 맨(치주전문의), 파샬맨(국소의치전공의), 크라운 브리지맨(금관, 계속가공의치전문의)라고 부르면서 전문의(Specialist)로서 서로 협력치료를 하며 친절하고 정확한 치료를 장교 사병 가리지 않고 한 사람의 환자로서 존중하며 똑같이 진료를 하는 것을 보고 많은 생각을 했다. 깍듯한 거수경례로 인사가 끝나면 무례할 정도로 장교 사병 간에 허물없이 장난을 치며 즐겁게 근무한 것을 보고 그들의 병영문화를 이해하기에 이삼 개월이 걸렸다. 난 영어로 잘 소통하고 그들과 어울리기 위해 이 사람 저 사람 붙들고 이것저것 물어보며 스피치와 히어링을 익히기에 열심히 노력했다. 2주 지나면서 나에게도 환자 치료할 수 있는 유니트&체어를 배정하여 환자치료를 맡겼다. 치과 유니트&체어(UNIT&CHAIR)를 비롯하여 각종치료기구, 시설, 약품들이 한국 군병원 치과에서 볼 수도 없고 명칭이나 사용방법도 잘 모르는 낯선 것들이 많았다. 일례를 들면 그 당시 일반치과의원이나 대학병원 치과병원도 전기 모터용 핸드피스(치아절삭기)를 사용했는데 미군 치과진료소는 에어터빈 핸드피스를 사용하고 있었다. 그 후 몇 년이 지나 우리나라에도 명동에 있는 두세 군데 치과의원에서 일간지에 '바람으로 이를 깎는 기계도입'이라는 광고를 할 정도로 웃지 못 할 일도 있었다. 여하튼 모든 것이 우리보다 더 앞선 선진 치과진료소였다. 3개월 같이 생활하다보니 귀가 틔우고 눈이 밝아져 웬만큼은 소통이 이루어지기 시작했다. 하루는 파샬맨(국부의치)인 쉐이버 중령(LT Colonel Shaver)과 영내에 있는 영화관에 함께 갔는데 웬만한 영화는 한글 자막에 익숙했던 사람이라 첫 번째로는 자막 없는 영화를 보게 되니 당황했다. 더구나 서부활극은 말보다 행동이 많아 시청하기가 쉬울 것 같았는데, 가는 날이 장날이라 오늘영화는 코미디 영화여서 미군들은 깔깔대고 웃는데 나는 하나도 웃을 수가 없었다. 그들의 문화나 유머감각이 아주 다르기 때문일 거라고 생각하니 실소밖에 나올 수가 없었다. 다들 웃고 즐기는데 나만 멍하니 있는 것도 민망하고 그렇다고 무조건 따라 웃을 수도 없어 난감했다. 어느 정도 영어 소통이 잘 되었을 즈음에는 보철 전문의(파샬맨) 쉐이버 중령을 수도육군병원 강당에 데리고 가서 20여명의 한국치과군의관을 모아놓고 보철분야 특히 국소의치에 대한 강의도 했는데 물론 통역은 필자가 했으며 한국 치과군의관들과 토론하고 교제하는 자리도 마련하곤 했다. 미군 치과군의관 중에는 미혼의 총각들이 있어 하도 한국 간호장교들을 소개해 달라고 해서 2~3명 미팅을 주선 해주었는데 그중에 한 쌍은 결혼에 골인해서 미국으로 귀국해 잘 살고 있다고 전해 들었다.

어느 날 미군 위생병이 나에게 미국에 있는 미군 중앙 치과 기공소에 사상 처음으로 부분의치 보철합금으로 개발된 타이코늄(Ticonium) 개발 회사가 선전 광고용으로 제작하여 미군 치과군의관에게 보급한 자주색 커버에 치과환자약속부를 가져다주었다. 하루 한 페이지에 오전 8시부터 12시까지, 12시부터 2시까지는 점심시간, 오후 2시부터 오후 5시까지 30분 간격으로 가로줄이 그어져 있는, 가계부(금전 출납부) 크기의 환자약속부가 비교적 세심하고 편리하게 잘 되어있었다. 신환자와의 약속이나 기존 환자 진료 후 다음 내원 일을 서로 정하고 환자약속부에 기록하는 것이다. 그땐 그냥 쓸 만한데 하면서 잘 사용했다. 모든 OJT교육이 끝나고 원대 복귀했다. 많은 선진치과의료를 배우고 익혀 아주 유익한 OJT 파견교육이었다. 그때 내 소지품에 이 약속부를 기념으로 가져왔고 이 약속부에 대한 생각은 까맣게 잊어버렸다.

1974년 육군소령으로 예편하고 그해 4월에 서울 중구 퇴계로 1가 남산동 입구에 개업을 하고, 그 이듬해 중구치과의사회 이모 회장 집행부에 공보이사로 치과의사회에 발을 들여 놓았다. 새롭게 개업을 한 신입회원들에게 치과의사회를 대표해서 개업축하선물(축 발전이라고 쓴 벽시계)을 주며 축하를 해주곤 했다. 그래서 여러 회원들의 치과를 방문하다보니 눈에 거슬리는 것들이 있었다. 간호사들이 신환이나 구환의 환자 약속을 작은 노트에다가 무질서하게 여기저기 기록하는 것을 보았다. 보기에 좋지 않았다. 나도 그렇게 해왔으니까. 그때 미군 OJT 교육 파견 근무 시 사용했던 약속부 생각이 번뜩 났다. 중구치과의사회 공보이사로서 회원들을 위해 의사회 차원에서 회원들에게 좋은 환자 약속부를 제작 배부해서 사용하는 것이 좋은 서비스라는 생각이 들었고, 이사회에 안건으로 올려 승인을 받아 실행하게 되었다. 물론 미8군 치과진료소에서 사용했던 미국 타이코늄회사가 제작했던 치과환자 약속부를 모델로 그와 거의 똑같은 약속부를 제작하여 회원들에게 교부했다. 회원들의 뜨거운 반응이 있었고 중구치과의사회에서 해마다 연말에 이 치과약속부를 제작해서 신년에 회원들이 편리하게 사용하도록 해왔던 것이다. 이 소문이 퍼져서 서울시치과의사회에서도 〈서울시치과의사회 진료약속부〉를 제작하여 배부해 왔다. 서울시치과의사의 진료약속부에는 서울지부와 각 구회의 현황과 정보가 수록돼 있으며, 캘린더와 스케줄러로 구성해 환자관리에 활용하기 쉽도록 제작하고 있다. 50여 년이 지난 지금까지도 이 사업은 계속되고 있다고 알고 있다. 그 후 난 서울시치과의사회, 대한치과의사협회 회무에 적극적으로 참여하는 내내, 그리고 은퇴한 지금까지도 치과진료약속부 제작은 서울시치과의사회의 연간 사업의 일환으로 동료 치과의사들이 진료실에서 유용하게 사용되고 있어 남몰래 작은 보람을 느끼고 있다.

치과의사의 백발

"할아버지 치과선생님이다! 애야, 가자."

오륙 세쯤 된 아이 손을 잡고 치과에 들어서던, 삼십대로 보이는 엄마가 흰머리 원장을 보고, 돌아서면서 하는 말이었다. 요즘 들어 자주 듣는 말이며 자주 보게 되는 광경이어서 놀랍지는 않았으나 당황스럽기는 매한가지이다. 무안하고 섭섭하다.

사십대 초부터 유전인지는 잘 모르겠는데, 흰 세치가 군데군데 생기긴 했다. 오십대를 지나서부터는 제법 흰 머리칼과 검은 머리칼이 반반 섞여 멋있게 보인다고들 했다.

치과의사와 그 가족으로 구성된 덴탈코러스(치과의사합창단) 매년 정기연주회 때는 합창단 중에서 유일하게 흰머리 베이스 단원으로 관객들에게 인기를 받았으며 내 팬까지 생길 정도였다. 나이든 사람이 있어 합창단의 무게감도 있고, 나이든 치과의사도 합창을 할 수 있다는 희망을 보여주기도 했단다. 하기야 그 합창단에서 제일 연장자이고, 선배여서 모범이 되어야 한다는 생각도 있었다. 후배 단원들은 "소리는 안 내셔도 되지만 무대장치로서의 선배님의 존재는 꼭 있어야 할 분입니다."라며 농담을 하곤 했다. 그래서 난 내 반 백발을 자랑스러워했다.

돌아서는 어린애와 엄마를 향해 나는 "저기요, 미안하지만 잠깐 이야기 좀 나눌 수 있을까요?" 했다. 치과 문을 나가려던 아이와 엄마는 몸을 돌이켰다. "왜, 할아버지 치과선생님은 안 되는데요? 그 이유를 듣고 싶은데 말해줄 수 있어요?" "이유를 말씀드리면 기분이 좋지 않으실 텐데요." "아니요, 기분이 안 좋긴요. 제가 좀 알아야 마음이 풀릴 것 같아서요. 부탁드립니다." 대화를 서로 주고받다가 그 아이 엄마가 조리 있게 들려주는 이야기는 세 가지였다.

첫째는 의사 특히 치과의사는 눈이 생명인데 나이 드신 치과의사분은 시력이 좋지 않아 진료에 어려움이 있지 않을까 하는 걱정이 된다는 것이었다.

둘째는 할아버지 치과선생님은 치료하실 때 손을 떠는 수전증이 있지 않을까 우려가 된다는 것이었다.

셋째는 모든 과학문명, 특히 의학은 날로 눈부시게 새로운 기술과 학문이 발달되어왔는데, 옛날 오래된 의술과 학문을 배운 할아버지원장님은 구식치료를 하지 않나 의구심이 든다는 것이었다.

간단하고 솔직하게 이야기를 해주는 아이 엄마가 너무 고마워서 한마디 변명도 못하고 "그렇군요. 어려운 부탁인데도 솔직하게 얘기해주셔서 너무 감사합니다. 많은 도움이 되었습니다."라고만 했다. 아이 손에 칫솔 두 개를 들려 보냈다. 그들이 돌아간 후 원장실에 멍하니 앉아 있었다. 매일 보는 내 모습이 늙어가는 것도 모르고 아직도 내 마음은 젊다고 생각하고 있었다는 사실을 깨달았다. 눈도 안경은 비록 썼지만 아직 잘 볼 수 있다고. 손도 떨지 않고 세밀한 치료도 거뜬히 해내고 있다고. 매년 적어도 법적으로 지정된 시간이상의 의무적 보수교육을 이수해야 면허가 유지되고, 임플란트 등, 새로운 학문과 의술에 대한 이론과 임상실습교육도 충분히 받았으며, 각종 수많은 강의와 세미나에 참석하여 새롭게 변하는 의술을 열심히 배우고 기술을 익히고 실습하고 있노라고. 그래서 아직은 실력 있고 유망한 젊은 개업의 못지않게 잘 나가고 있다는 변명 아닌 변명과 설득을 하고 싶었지만, 그게 무슨 의미가 있겠는가. 세월은 내 머리에 서리를 내리고 있는데. 가만히 생각해보니 내가 환자의 입장이었어도 같은 치료비 내고 노인의사에게 마음 놓고 치료를 받을 수는 없을 것 같았다. 이러한 사실을 왜 진작 깨닫지 못했을까 하는 아쉬움과 후회가 물밀 듯 몰려왔다.

이튿날 이발관에 가서 머리칼을 짧게 자르고 머리를 검게 염색

했다. 한 십년은 젊게 보였다. 치과개업을 접으면 모를까, 계속 진료를 할 거라면 적어도 젊게 보여서 치과의사로서의 환자에게 신뢰감을 주는 것이 최소한의 예의와 도리가 아닐까 하는 생각을 했다. 염색을 하고 집에 가니 그걸 본 어머님은 우리 아들 젊게 보여 좋다고 염색 진즉 할 걸 잘했다고 반기셨다. 그러나 아내만은 그 좋은 백발을 왜 염색을 했느냐고, 잔소리를 해댔다. 혹시 젊게 보여 바람이 날까 봐 걱정하는 건 아니겠지. 주일 날 교회에 가서 내가 주로 앉는 장로석에 앉았더니 내 뒤통수를 보고 웬 젊은 사람이 장로석에 앉아 있느냐며 교인들이 한마디씩 했다. 머리를 검게 염색한 나를 어느 시골마을 이장(?) 같다는 등 놀림을 받기도 했다.

머리만 검게 염색했는데도 환자는 많이 늘었고 날 보고 늙었다고 돌아서는 사람은 드물었다. 하루는 단골환자인 팔십대 어르신이 모처럼 내원했다. 치료 의자에 앉아있던 환자는 "어! 원장이 바뀌었네! 그 흰머리 원장은 그만 두었나?" "접니다. 원장이 바뀐 게 아니고 제가 염색을 했습니다." "아니, 그 좋은 백발을 왜 염색해 버렸어!" "나이든 백발의 의사를 환자들이 싫어해서요." "뭘 모르는군, 의사는 역시 나이 지긋한 백발의 의사가 경험도 많고 좋은 의사지." 역시 나이든 의사를 명의로 생각하는 사람은 노인, 어르신들 밖에 없다는 생각을 했다. 씁쓸했다.

"내 틀니가 깨져서 붙이러 왔지" "어르신, 이 틀니는 하신 지 십년도 넘은 틀니로 몇 번 수리도 하고, 마모도 심하고 헐거워져서 다시 새로 하셔야겠네요." "나 돈 없어, 아들 며느리한테 돈을 타야하는데… 그냥 적당히 붙여주기만 해줘" 돈 한참 잘 버는 중년의 나이 때는 치료비 깎지도 않고 현찰로 턱턱 선불 결제하시던 분이 이제 나이 들고 자식과 같이 사는 입장에서 아들 며느리 눈치를 보아야하는 처지가 되었다고 한다. 늙기도 서러운데, 돌아서는 어르신의 뒷모습이 쓸쓸해 보였다.

머리를 염색한 후에 덴탈코러스 공연에 온 내 팬들은 그 백발의 치과의사 단원이 보이지 않는다고 찾기도 했고, 잘 어울리는 백발을 그리워하는 사람들도 많았지만 젊게 보이는 나는 마냥 좋았다. 머리칼만 좋아진 것이 아니고 내 마음도 젊어진 채로 근 이십년을 젊은 치과의사로서 잘 지냈다. 그동안 밝은 눈으로, 순발력 있는 섬세한 손으로, 새로운 의술과 실력으로, 과연 얼마나 최선을 다해 환자를 진료해 왔는지 뒤돌아보며 새로운 다짐을 해보곤 했다. 환자를 치료하는 의사의 나이는 환자의 나이와 같이 늙어 가는구나 하는 생각을 해봤다.

이제 오십여 년의 치과의사의 삶을 은퇴하고 보니 많은 아쉬움과 후회와 더불어 좋은 추억과 자랑스러운 치과의사의 삶이 파노라마처럼 아름답게 지나갔다.

'박수 칠 때 떠나라.' '시작할 때가 있는가 하면 끝날 때가 있다.' 은퇴를 하고서는 머리 염색을 더 이상 하지 않았다. 자연스럽게 곱게 늙어 가고 싶었다.

은퇴를 하고보니, 그동안 나를 믿고 열심히 찾아오신 단골환자들에게 제일 먼저 미안하고 죄송한 마음이 들었다. "나보다 오래 살아야 해! 그래야 나 죽을 때까지 내 치아를 책임지고 치료해 주지."하며 자기 몸을 나에게 믿고 맡겼던 사람들에게 진정으로 감사함을 느끼고, "건강이 허락하는 한 오랫동안 진료할 겁니다."라고 장담했던 내가 후회스럽고 아쉽기만 하다.

'백발은 인생의 면류관이다'라는 말이 있다. 자연의 섭리에 조용히 순종하며 오랜 세월을 살아온 삶의 나이테 같은 백발은 그래서 인생의 면류관인 것이다.

따라서 치과의사의 백발 또한 부끄러운 것이 아니라 자랑스러운 치과의사의 면류관이라는 생각을 해보는 것이다.

서울치대 20회 졸업 50주년을 회고하며

서울대학교 치과대학을 졸업한 지 50년이라는 세월이 흘렀다. 반백년이다. 감개무량하다. 5.2대 1이라는 경쟁을 물리치고 당당히 합격하여 1960년 서울대 문리과대학 치의예과에 입학해 2년을 수료하고 나서 치과대학에 진학, 본과 4년을 공부하고 졸업을 했다. 기존 4년제 치과대학이 예과제도가 신설되어 6년제로 되면서, 우리 한해 위인 치의예과 1회 치과대학 19회인 선배들이 119라는 명칭으로 동창회모임을 가졌다면, 우리 기는 치의예과 2회 치과대학 20회이니 220이 되는 셈인데 그냥 〈스무회〉라는 이름으로 매월 또는 분기별로 20일에 동창회로 만나왔다.

예과 1회가 첫 1기이기에 나름대로 선구자적 역할을 했다면, 우리 2회는 그 바탕위에 좀 더 대내외적으로 다져나가는 역할을 했다고 볼 수 있다. 동숭동에 있던 서울대 교정에서 입학식을 하고 겨우 2주가 지나자마자 4.19혁명이 일어나 주로 학생들이 주가 되어 데모다, 부정부패일소, 사회정화 학생운동이다, 농촌계몽운동이다 해서 강의실 밖에서 바빴으며, 이승만 정권이 바뀌는 등 정치적 불안 속에 제대로 충실한 강의도 받지 못하고 1년이 훌쩍 지나버리고 다음해엔 5.16군사혁명이 일어나 정신을 못 차리고 군정이라는 격동기의 회오리바람 속에서 2년 예과시절을 수료하고, 소공동 치과대학에 진학해서, 일제시대에 지어진 낡은 강의실과 변변치 못한 시설과 여건 속에서도 열심히 공부했었다.

지금 생각하니 대학캠퍼스에 대한 우리의 낭만과 추억과 흔적이 완전히 사라져버렸다. 청량리역 앞 일제시대 경성제대 예과부로 세운 붉은 벽돌의 황량한 건물과 운동장에서, 서울대 문리과대학 치의예과, 의예과 학생들이 공부했었는데, 그 자리는 어느 때 부동산개발 붐으로 전부 헐리고 지금은 미주아파트 대단지가 들어서서 그 흔적을 찾을 수 없이 되었다.

옛날 조선조 인조가 즉위하기 전에 살던 집이 저경궁(儲慶宮)이다. 이 궁은 〈송현궁〉이라고도 하였는데 중전이나 후궁들의 산실로도 사용되었다는 이야기도 전해 내려왔었다. 1908년 인빈의 신위를 육상궁으로 옮기면서 건물만 남아있던 저경궁은 1927년까지 남아 있다가 일제시대 경성치과의학 전문학교, 지금의 서울대학교 치과대학을 건축하면서 철거되었다. 지금의 한국은행건물 뒤편에 있던 이 건물에서 4년을 공부하고 1966년에 졸업했다. 그래서 그때 모든 학생회 축제는 '저경제'라는 이름으로 개최하곤 했었다.

이 치과대학 건물도 연건동 서울대학교 의과대학 캠퍼스로 이전하면서 또 철거되어 한국은행빌딩이 신축되는 바람에 그 흔적이 사라져 아쉬움만 남기고 있다.

소공동 치과대학 자리에 표지석을 세워 후세에 역사에 남기려고, 대한치과의사협회사 편찬위원장이며 치과의사학회 회장이었던 변영남 선생(23회)과 위원들이 한국은행을 비롯해 관계기관들과 협의 중에 있는 것으로 알고 있다. 만시지탄, 늦은 감이 있지만 다행이다. 사라져가고, 잊히는 역사적인 사실과 유적들을 찾아 기록하고 보존하여 후세에 전하는 일이야 말로 이 시대에 살고 있는 우리의 사명 중에 하나가 아닌가 생각한다.

치과대학은 다른 대학들과 달리 전국에서 제일 많은 수강과목과 강의, 실험, 실습시간이 매주 월요일 오전 8시부터 토요일 오후 5시까지 똑같이 꽉 짜여있는 데다가, 학년이 올라갈 때마다 반이 바뀌는 중, 고등학교와 달리 가나다 성씨 순으로 짜인 A, B반 두 반으로 나뉘어 6년 내내 같이 다녔고, 군대에 군의관으로 같이 복무

했고, 치과개업 후로도 매월 20일 또는 분기별로 동기동창끼리 자주 만나왔으며, 부부동반 해외여행도 많이 다녀서 친형제 자매보다도 더 친하고 허물없는 사이가 되었다.

모든 동기동창들이 치과의사로서 열심히 잘 살았고, 잘 살아왔지만 그래서 감사하지만, 특별히 치과계의 발전을 위해 헌신 봉사하고, 사회, 정치, 예술, 문화 등 여러 방면에서 치과의사의 위상을 높인 동기동창들을 자랑하고, 그 삶의 역정과 프로필을 소개하며 회고해 보고자 한다. 어디까지나 내 기억과 여러 가지 책자와 자료에 의한 것이어서, 혹시 누락되었거나 사실과는 다른 사항이 있더라도 동기들의 넓은 아량으로 이해해 주기를 바란다.

지난 여행 가기 전날인 2016년 3월 14일 현재, 100명의 입학에 86명이 졸업했는데 그중 생존자 55명, 작고자가 22명, 연락두절자(미국이나 외국에 이민간 자 포함) 9명이었다.

*강우태-서치이사. *고일봉-서울시용산구치과의사회장. *권명대-명상과 참선에 관한 책 '수행(修行)'을 펴내 인기를 얻음. *김계종-서울시중구부회장, 강남구의장, 서치부회장, 감사, 대의원총회의장, 치협 대의원총회부의장, 대한구강보건학회 회장, 덴탈코러스 창립 멤버 고문, 열린 치과 봉사회 운영위원 고문, 연대치대외

래교수, 월간 '문학바탕' 신인문학상 수상 시인 등단. *김문형-서울시은평구 1, 3대 회장, 서치부회장. *김상세-서울시강남구치과의사회장. *김성-사진예술작가. *김수남-대한 구강 악안면 학회장, 원광치대학장. *김종열-연세치대 교수, 대한구강내과학회장, 대한법의학회부회장, 치협 법제이사, 치협 학술담당부회장, 대한치의학회 초대회장, 연대개인식별연구소장, 국립과학수사연구소장 등으로 법치의학과 법의학 발전에 큰 공헌을 했으며, 한국에서 발생한 몇 차례의 대형 사고를 수사하는 과정에서 능력을 발휘, 대연각 호텔 화재, 여객기참사, 광주민주화운동희생자, 삼풍백화점붕괴사고에서 사망자 신원확인을 하는 등 법의학의 전문가로, 치과의사로서는 최초로 국립과학연구소 소장이라는 정부의 중요한 직책을 역임함. *김현풍-서치회장, 치협 부회장, 서울시 강북구 청장 2선 연임, ㈜칠선당 전통 민속주생산업체 회장, 나막사(나라사랑, 막걸리사랑)공동대표. *라윤영-서울시종로구치과의사회 회장. *박광배-서울구로구치과의사회장. *박병덕-대한 소아치과 학회장. *박종만-국제 로타리 강원지구총재. *박종수-광주광역시치과의사회장, 치협 감사, 치협 대의원총회의장, 국제라이온스협회광주지구총재, 아시아서석문학 수필가등단, 저서 : '의료사고의 안전벨트 의료 사고 집' 발간, '빛이 오는 소리' 봉사 어록집, 단편 '어린엿장수의 꿈과 세월' 광주일보당선작. *배진척-대구광역시 중구치과의사회장, 대구시치과의사회부회장, 대구 시립교향악단바이올린연주자, '한울림' 관현 협주단 색소폰연주자. *손광웅-스킨스쿠버다이버. *안박-서울시종로구치과의사회장, 서치회장, 치협 대의원총회부의장. *안상규-서울시강남구치과의사회장, 치협 보험이사, 호흡기순환운동수련원장, 저서 : '건강하고 행복하게 사는 단전호흡법' '생로병사의 비밀단전호흡과 기 순환' '체력과 수명을 늘리는 방법', 도서출판 '도곡'이라는 출판사도 직접 창립 운영하고 있음. *엄정문-서울치대교수. *오덕근-제주치과의사회장, 치협 감사, 국제라이온스협회제주지구총재 *오안민-서치신협이사장, 치협 자재이사, 아세아태평양치과회의 행사위원장, 1970년 FDI(세계치과연맹)사무총장. *유영세-성악가, 테너. *이언호-서울시영등포구치과의사회장, 서울치대 보철학 전공동문회장, 서예가, '양곡' 이언호 고희전시회. *이정호-인천광역시치과의사회장. *임광수-인천광역시치과의사회장. *장영정-서울시관악구치과의사회. *정인환-서울시관악구치과의사회 4,5대회장, 국제라이온스협회서울354-D지구부총재, 서울치대20회 현회장. *한성훈-연대치대외래교수.

*고 김길년-서울시영등포구치과의사회장, 서치총무이사. *고 박선조-서울시동대문구치과의사회장, 서치부회장. *고 유승재-서울시 양재동 동민치과의원장은 한국의 '슈바이처'라고 불리울 정도로, 28년간 쉬지 않고 빈민촌, 양로원, 나환자촌 등을 시작으로 많게는 하루에 한 양동이 분량의 이를 뽑는 등 28년 동안 50만명

에게 무료 치과진료를 실시했고, 무료로 제공한 틀니만 1만개가 넘는 초인적인 봉사의 삶을 살았다. 1977년 국민훈장석류장을 비롯해 1980년 14회 청룡봉사상, 대통령표창 등 20여개의 상을 받았지만 항상 선행을 드러내지 않고 겸손하였기에 모든 치과의사의 귀감이 되며 존경받는 치과의사상을 드높인 훌륭하고 자랑스러운 동기동창이다. 소설가 윤홍길 씨가 유승재 원장을 모델로, 1978년 동아일보에 연재했다가 뒤에 단행본으로 엮은 소설 '옛날의 금잔디'를 통해 급격한 산업화, 핵가족화로 발생하는 노인문제를 '효'의 관점에서 조명하기도 했음. *고 임경빈-대한치과의사학회 회장. 연세치대, 조선치대 치의학사 강의. *최목균-카톨릭 치의과대학 교수, 카톨릭 치의학대학원장.

이번 대학졸업 50주년 기념여행은 일본에 대한 감정이나 후쿠시마 방사능유출 등 별로 내키지 않는 여행지였지만, 이곳저곳 많이 걸어야 하는 관광은 할 수 없어 노인들이 그냥 편히 쉴 수 있는 곳으로 깨끗하고 조용하며 온천이 좋은 일본 돗토리현과 시마네현으로 3박 4일 여행을 하기로 했다. 정인환 회장과 오안민 총무와 심훈 회원의 준비와 수고가 있었다. 백발의 12쌍, 부부동반 24명이 환한 웃음으로 모였다. 주로 서울 경기지방회원들이었지만 멀리 대구에서 배진척 동문이 와서 더욱 반가웠다.

필자는 이동하는 버스 안에서 기억나는 20여명의 동창들 별명을 불렀고 이어서 지은 졸업 50주년기념 축시(?)도 낭송하면서 이미 작고한 친구들을 추억하기도 했다. 다음날은 또 버스 안에서 은퇴 후 필자가 배운 웃음치료 실력을 발휘하여 12쌍의 동기들이 30여 분간 웃음 속에 즐거웠으며 몇 년간의 수명(?)을 연장시켜주기도 했다. 배진척 동문은 대구에서 죽 개업을 하고 있는데 취미로 바이올린을 비롯해 여러 악기를 잘 연주하는데, 이번에 휴대하기에 좋은 하모니카를 가지고와서 멋진 연주도 해서 즐거웠다.

둘째 날 저녁식사 후 노사연의 '만남'을 진지하게 시(?)라고 낭송해서 모두들 배꼽을 빼 놓은 이언호 동문의 엉뚱한 행동으로 즐거웠다. 지난 50년을 조용히 돌아보며, 서로 옛날을 추억하며, 앞서간 친구들을 그리워하며, 지금까지 부부가 다 건강하게 살아있음에 감사하며, 남은 여생을 멋지고 즐겁게 보낼 것을 서로 다짐하는 평생 잊지 못 할 아름다운 여행이었다.

끝으로 가난하고 암울했던 대학시절 1964년 봄 어느 날 소공동 치과대학 강의실에서 저물어 가는 소공동거리를 내려다보면서 필자가 쓴 '소공동거리'를 올리면서 회고담을 마칠까 한다.

소공동거리

김계종

소공동 거리

저녁이 내린다

세월과 세월의 정점에서

공간과 공간의 둔각 속에서

호텔의 붉은 역사가 흐른다

육체가 육체를 먹고사는

정신을 유배시킨 환호성 찰나 속에

무던히도 바쁜 거리, 서글픈 순정

저녁이 내린다

아스팔트 미끈한 거리 위에

소리 없이 지나가는 캐딜락 뒷바퀴 속으로

물큰 먼 향수가 맴돌아 간다

숱한 연인들 만나고 스쳐가고 헤어지던

어느 아담한 카페 뒤 카운터에

추억을 짓씹어 뱉고 사는

주름살 진 마담 얼굴엔

오렌지 빛 저녁이 내린다

세월은 가고

떠나간 사람들 돌아오지 않는

소공동 거리

저녁이 내린다.

             2016. 4. 21. (목) 2409호《치의신보》14p〈칼럼〉
             김계종 대한치과의사협회 대의원 총회 고문, 전 부의장
             2016년 치의신보에 실린 글

끽연(喫煙)과 금연(禁煙)

　1960년 6월 3일 금요일 오후, 서울대학교 문리과대학(서울대학본부) 강당에서 한태영 교수의 강의를 듣고 나오는데 서울법대, 서울상대에 입학한 고교동기동창들을 만났다. 대학 입학식 날부터 쓴 일기에 의하면 그날 오전은 맑았으나 오후엔 비가 왔다.
　나는 상대친구들 다섯 명과 같이 S가 가져온 우산과 내 우산에 세 명씩 받고 버스정류장까지 가다가, 비가 너무 많이 와서 근처 아이스케키점으로 들어가 빵을 먹으며 비를 잠시 피하기로 했다. 모두 서울대학교 교복을 입었고 클럽이야기를 했고 갓 입학한 대학 이야기들을 했다. 이윽고 전부 익숙하게 담배를 피워 물었다. 그때 K는 내가 담배 못 피우는 것을 알아채고 담배 한가치를 뽑아 불을 붙여주면서 억지로 피라고 했다. 호의에 못 이겨 한 모금 빨았다. 이윽고 컥컥거리며 인상을 찌푸리는 나를 본 친구들은 재미

있다는 식으로 깔깔거리며 웃었다. 아직도 담배도 못 배운 애송이라고 놀려댔다. 이제 대학생이 되었으면 담배도 피울 줄 알고 술도 마실 줄 알아야 남자라고도 했다. 언제부터 자기들은 그런 남자가 되었다고 훈장질이야! 속으로는 중얼거렸지만 창피하기도 하고 화도 났다. 그 담배이름은 백양담배였다. 내 일생 처음 담배를 배운 역사적이 날이었다. 아니 배웠다기보다도 처음 입에 댄 날이었다. 이런 쓰디쓰고 컥컥거리는 연기를 뭐가 좋다고 피울까? 여하튼 담배 근처에도 가지 않을 생각이었다. 친구들이 말하는 그런 사내는 되지 않겠다고 다짐했다.

그 후 두어 달 지났을까, 비가 오는 날 하숙방에서 혼자 책을 읽다가 가족이 보고 싶은 그리움과 외로움이 엄습해 왔다. 그때 문득 이상하게 담배 생각이 났다. 몇 번을 망설이다 용기를 내어 담배가게에 가서 백양담배 한 갑과 성냥을 사와서 담배 한 개비에 불을 붙여 입에 물었다. 역시 쓰디쓰고 컥컥거렸지만 참고 몇 모금 담배 연기를 마셨다. 내뱉는 하얀 연기가 멋있었다. 담배 맛은 역시 마음에 들지 않았지만 그런 일련의 행위를 하느라고 그리운 마음도 외로운 마음도 사라지고 말았다.

아, 이래서 담배를 피우는구나!

그래서 외롭고 쓸쓸하고 누군가 그리워질 때는 영화의 주인공처럼 니코틴이라는 담배연기를 폼 나게 들여 마시고 하얗게 내 뿜었다. 멋도 있었다. 스트레스가 많이 쌓일 때엔 담배연기를 깊게 마셨다가 훅 하고 내뿜으면 모든 스트레스가 해소가 되는 것 같았다. 담배연기로 도넛을 만들며 흐뭇하게 바라보기도 했다.

그때부터 담배에 대한 내 짝사랑은 시작되었고 그 오묘한 맛과 향기에 점점 빠져들기 시작한 것이다. 멋과 맛의 유혹에 습관적으로 니코틴이라는 중독의 노예가 되어가고 있었다. 치과대학 본과 1학년 때 해부학 실습시간에 본, 담배를 많이 피웠던 걸로 추정되는 중년 남자시체의 시커멓게 변해버린 폐를 관찰하고 충격을 받았던 경험을 까맣게 잊어버리고 흡연 애호가가 되고 담배 예찬자가 되었다. 어른이 다 된 것 같았다.

친한 사람을 만나든 서먹한 사람을 만나든 담배는 서로 권하고 즐기는 사교적인 기호식품이 되어 버렸다. 서부 개척시대에는 인디언과 백인이 긴 담뱃대에 담배를 서로 나누어 피우는 것으로 휴전이나 평화를 약속했다는 전설도 있다고 한다. 담배의 역사를 말하자면 잘 알지도 못할 뿐만 아니라 머리가 아플 것 같아 생략한다.

단지 담배인삼전매청의 수입은 막대한 국가의 소득원이 되었다는 사실만 믿기로 했다.

대학을 다닐 그 당시는 나라도 가난했지만 우리도 돈이 없어 가난했다. 하지만 가끔 어렵게 산 담배도 친구들과의 담배인심은 그런대로 좋았다. 담배가 없으면 얻어 피우는 것은 부끄럽지 않은 풍속이 되었고 그도 저도 없으면 재떨이에 비벼 끈 꽁초나, 쓰레기통의 횡재(?)를 바라며 뒤지기도 했다. 한 친구는 담배 한 갑을 사면 20개비 모두를 반쯤 피다가 만 꽁초로 다 만들어 담배 갑 속에 넣어 다니다가 친구들이 담배를 찾으면 그 꽁초를 내밀며 내 침이 묻은 담배도 괜찮겠니? 하며 자린고비처럼 아끼고 혼자만 피는 조금은 서글픈 해프닝도 있었다.

대학을 졸업하고 킴스플랜(KIM'S PLAN)에 의해 졸업할 때까지 연기되었던 군 복무를 하기 위해 대구에 있는 육군군의학교에 입대해서 3개월의 훈련과 교육을 받았다. 팬티부터 내복과 군복과 군모까지, 삼시 세 때 급식과 간식인 건빵과 특히 화랑담배까지 무상으로 지급되어 너무나 좋았다. 심한 훈련만 제외하면 군 생활 할 만했다.

6년간의 어려운 공부를 마치고 의대나 치대를 졸업하거나, 5년간의 인턴 레지던트 수련과정을 마치고 전문의 자격을 획득한, 최고급 인력인 젊은 사내들이 군이라는 특수한 집단에 적응하면서 벌어지는 해프닝은 너무나 많았다. 어떻게 하면, 많이 먹을까, 많이 잘까, 많이 농땡이 칠까 하는 원초적 본능에만 빠져 많이 배웠다는 사람의 인격이나 인품은 고사하고 아주 단순한 사람으로 변해버리는 것이다. 의사이기 전에 군인이 되라 라는 대대장의 분부는 차치하고라도 아무 철모르는 어린애같이 되어 가는 것이었다. 그래서 그들은 집단 속에 고독을 느끼며 가족이나 연인들로부터 오는 편지는 가장 큰 기대와 위로가 되었다. 군의학교에 입대한 지

사주 째 되는 무렵에 내 생일을 맞았다. 생각지도 못했는데 어릴 때부터의 친구였던 여자 친구가 보내준, 생일을 축하하는 편지와 생일선물은 아직도 잊을 수가 없었다. 담배를 좋아하는 나를 위해 담배를 피울 때마다 자기를 생각하며 피우라고 담배 한 갑, 한 갑마다 시 한수를 정성껏 써서 담배 한 보루(담배 열 갑)를 보낸 것이다. 너무나 반갑고 기쁘고 고마웠다.

그날 12명의 내무반 전원이 그 선물을 보고 부러워하며 박수로 생일을 축하해 주었다. 그 보답으로 나는 PX에서 HP(HORSE PENIS)라고 부르던 김밥 한 줄씩 사서 맨날 배가 고픈 내무반 동료들에게 돌렸다. 그날은 진짜 내 생일 맞았다.

육군 소령으로 예편하고 퇴계로2가에 치과의원을 개업하여 원장으로 진료를 할 때쯤은 하루 두 갑을 피우는 골초가 되어 있었다. 하루는 담배를 맛있게 피우고 있는데, 우리교회 담임목사님이 치과치료를 받으시려 갑자기 병원 문을 열고 들어오시는 바람에 그 당시 집사인 나는 담배 피우는 것을 들켜버렸다. 나는 목사님을 멍하니 쳐다보다가 황급히 피우던 담배를 재떨이에 비벼 끄고는 "목사님, 웬 일이세요? 아직도 담배를 못 끊었습니다. 용서하십시오. 죄송합니다." "죄송하다니요. 집사님, 담배 그냥 피우세요. 성령 충만하면 담배 맛이 쓰고 맛이 없어진답니다. 때가 되면 끊을 날이 오겠지요."했다. "알겠습니다."하고 얼버무려버렸다.

호주머니에 돈 한 푼 없어도 괜찮았지만 담배 한 가치 없으면 왠지 불안하고 어쩔 줄을 몰라 했다. 그만큼 니코틴 중독이 되어 있었다. 때로는 입고 있는 옷이나 덥고 자는 이불에 담뱃재로 구멍을 내는 등 집사람에게 지청구를 많이 들었다. 담배를 태우며 담배를 끼우고 있는 손가락들이 니코틴에 누렇게 절어 담배 피는 티를 내기도 했다.

치과클리닉을 강남 대치동으로 옮겨 진료를 할 때는 세 갑을 피우게 되었다.

치과진료를 하기 전에 담배 한 대를 피우고 손에서 냄새가 날까 봐 손을 잘 씻고 덴탈마스크를 하고 치료하고 치료 끝나면 또 한 대를 피우는 것이 습관이 되어버렸다. 수년간을 그렇게 진료를 해왔는데, 하루는 꼬마환자를 치료하는데 "선생님, 담배 냄새나요." 했다. "그래? 미안하다. 다시 손 씻고 오마."하고서는 다시 손을 씻고 치료를 했지만 꼬마는 계속 못 마땅해 하는 것 같았다. 그 후에 어른들도 치료받으면서 담배냄새가 나지만 불평의 말을 안 했을 뿐 불쾌하게 생각하면서 참았을 거라는 생각을 하면서 의사로서 환자들에게 죄송한 마음이 들었다. 일회용 고무장갑을 착용하고 입안을 양치질 하고 진료했지만 가운에 베인 담배냄새는 역시 어쩌지 못했다. 계속 환자를 진료하려면 금연을 해야지! 하는 생각만 했지 쉽사리 실천에 옮기지 못했다. 또 금연의 이유 중에 하나는 내 기관지와 폐가 니코틴으로 시커멓게 변하면서 기관지염이나 기침이나 감기로 가래가 나오는 등 호흡기에 이상이 오기 시작했다는 것이었다. 하루에 담배를 세 갑 반을 피우는 골초가 되고 말 았다. 손가락도 누런 색깔로 변했고 숨 쉴 때마다 담배냄새가 나는 것을 나 자신도 역겹게 느끼기 시작했다.

인간에게 담배는 백해무익하다고 하지만 [담배 없이 어떻게 인생을 사느냐, 차라리 담배 없는 인생보다 담배를 피우다 죽는 인생을 살겠다]라는 애연가들이 있는가 하면, 이들이 제일 싫어하는 말이 금연이란 말에 이해가 갔다. 어수선한 세상살이일수록 사람들은 담배로 위로를 삼으며 굴곡진 세월을 살아간다. 공초(空超) 오상순 시인은 정말 호 발음 그대로 꽁초! 아주 심한 골초로 애연가의 우상으로 회자되었다. 공초 오상순 시인도 담배를 많이 피웠지만 70살 가까이까지(그 당시 평균 수명은 60세도 안되어 육십에도 오래 살았다고 환갑 찬치를 하곤 했다.) 건강하게 살지 않았냐며 서로 위로하기도 했다.

많은 흡연 애호가들이 심한 기관지염, 폐섬유증, 폐암으로 세상을 떠나면서 금연하라고 뒤늦게 후회하며 경고를 해댔다. 흡연은 백해무익이며 몸에는 너무 좋지 않으니 담배를 줄여야지 금연을 해야지 하면서도 말뿐이었다.

드디어 때가 왔다. 1986년 부활절 날 아침잠에서 깬 나는 누워서 생각에 잠겼다.

오늘은 우리 예수님께서 우리를 위하여 십자가에 못 박혀 죽으시고 사흘 만에 사망권세 이기시고 부활하신 뜻 깊은 기쁜 날이다. 나도 이 귀한 날에 예수님께 감사하여 예수님처럼 죽었다가 새로 태어나야겠다. 그러려면 내가 제일 실행에 옮기지 못하는 어렵고 힘든 금욕의 일이 무엇인지를 생각해보았다. 담배 피우는 것을 무엇보다도 좋아하는 내가 담배를 끊는 금연이 제일 참기 힘든 금욕의 일이었다. 금연이라는 내 일생의 큰 결단을 내리고 실행해야겠다는 생각을 하게 되었다. 담배를 끊고 죽었던 내가 다시 새로 태어나자! 부활하자!

그날 보통 때 같으면 눈 뜨자마자 입에 물던 담배를 피우지 않았다. 그로부터 26년이나 피웠던 담배를 끊고 금연이 시작되었다. 때로는 많은 유혹과 마귀(?)의 속삭임이 있었지만 굴하지 않고 참고 참았다. 그날부터 삼십육 년이 지나 팔십이 넘은 지금까지 단 한 개의 담배도 피우지 않았다. 나도 내가 대단하다고 생각했다. 다 하나님의 은혜와 사랑 덕분이다. 72세에 폐암으로 돌아가신 아버지도 헤비스모커(heavy smoker)였고 나의 금연을 결심한 이유 중에 하나였다.

때로는 담배를 태우고 싶을 순간들도 많았지만 그중 제일 참기 어려운 경우는 부부싸움을 하고난 뒤 치밀어 오르는 분노로 가게에 가서 담배를 사서 시원스럽게 피우고 싶은 생각이 굴뚝같이 들었을 때였다. 홧김에 서방질한다고 그렇게 되면 제일 먼저는 하나님과의 약속이 깨지는 것이고 그동안의 금연기간이 아쉽고 아까운 생각이 드는 것이고 나에 대한 신뢰가 무너지는 것이 가장 두려웠다. 사탕 한 알을 입에 물고 참았다. 은단 몇 알 입에 털어놓고 참았다. 그리고 기도했다.

금연으로 인한 금단현상은 많이 나타난다고 했다. 판사로 재직하고 변호사로 활동했던 한 친구는 담배를 너무 많이 피우다 몸이 좋지 않아 의사의 권고로 담배를 억지로 끊었는데, 손발이 떨리고 판결문이나 글을 도저히 쓸 수도 없고 밥맛도 잃은 금단현상이 심해서 일상생활을 하기가 어려워 다시 의사를 찾아갔다. 그런 상태라면 담배를 계속 피우되 횟수를 줄이라는 권고를 받았을 정도였다. 그 친구는 담배를 계속 피우다가 결국 70을 겨우 넘긴 나이에 폐암으로 사망했다. 최초로 나에게 담배를 권했던 K는 나의 친한 친구로 내 매제가 되었지만 50대에 한쪽 폐가 담배연기로 인해 만성 폐쇄성 폐질환(폐기종, 만성기관지염)이 생기면서 나중에 폐가 딱딱하게 굳어지는 폐 섬유화가 되어 산소공급부족으로 호흡곤란 및 피로감으로 한 쪽 폐기능이 완전 상실되었다. 불행 중 다행으로 폐암이 아니어서 조금은 안심이 되었지만 남은 폐 한 쪽으로 살다 보니 또 폐 섬유화가 또 서서히 진행되어 몇 년을 산소호흡기를 달고 살다가 끝내는 팔십을 얼마 앞두고 저세상으로 갔다. 그래도 많이 버티고 살았다. 마지막 그의 임종 시, 산소호흡기를 달고 있는 힘을 다해 한모금의 숨을 애써 쉬려는 안간힘을 보고 내가 해줄 수 있는 일이 아무것도 없었고 그냥 눈물만 흘렸다. 가느다란 마지막

숨을 그치고 잠이 고이 든 듯 편한 모습에 "잘 가게!"하고 마지막 인사를 했다.

술 끊은 친구는 계속 사귈 수 있지만 담배 끊는 친구는 친구로 사귀지 말고 절교하라는 말이 있다. 담배를 끊기가 얼마나 어렵기에 금연한 친구는 그만큼 독하다는 뜻이다. 금연을 하니 담배도, 라이터도, 담배가루도 없어 호주머니가 깨끗해졌다. 1960년 담배를 피운 지 26년 만인 1986년에 담배를 완전 끊었다. 기적이다. 나의 결단의 의지도 대단했으나 다 하나님의 은혜와 사랑과 은총의 덕이라고 생각하고 무한 감사하고 있다.

그동안 간접흡연으로 괴로워했던 아내와 식구들이 제일 좋아했고 내 무서운 결단에 놀라 칭찬과 박수를 쳐주었다. 담배를 두 갑씩 주머니에 넣고 살았던 습관도 담배 값 절약도 무시하지 못했다. 먼저는 하나님을 비롯하여 가족 친지 친구들 모든 주위 사람들을 이렇게 기쁘게 해준 것도 있지만 내 영육 간에 건강도 많이 좋아져서 지금 팔십이 넘은 이 나이까지 건강하게 살아 있음에 고맙고 감사하다. 2년에 한번은 보험공단에서 실시하는 건강종합검사에 착실하게 응하여 조기검진을 해왔다. 그때마다 은근히 걱정이 되는 폐 X-RAY검사에는 별 이상이 없는 것으로 나와 감사하고 있다.

오랜 흡연으로 폐암으로 고생하시다 돌아가신 아버지와 처음 담배를 나에게 권했던 친구를 비롯하여 많은 친구들과 지인들이 폐암이나 폐섬유종으로 고생하다 담배연기처럼 하늘나라로 돌아갔다.

오늘날 금연구역이 늘어가고 지정된 흡연구역에서, 집 밖에서, 아파트 베란다에서 서성이며 죄인인 양 몰래 담배를 피우고 있는 사랑하는(?) 흡연가족들이 측은해 보이며 무한한 연민의 정을 보낸다.

사람들이 기호식품으로 그렇게 좋아하는 술과 담배는, 좋아하는 것만큼 몸과 마음의 건강에 좋지 않다면 절제하고 삼가는 마음도 중요하다고 생각한다.

하나님이 주신 생명은 내 것이 아니고 하나님의 것이다. 그러기에 내 마음대로 함부로 할 수 없다. 내가 가진 모든 것도 내 것이 아니요 하나님의 것이다. 내 생명도 욕심 없이 귀하고 소중하게 사용하다 때가 되면 주신 이에게 깨끗이 돌려드리는 것이 하나님의 은총이며 자연의 섭리가 아닐까.

동숭동 골목에서 길을 찾다

얼마 전에 치문회(齒文會) 정기모임에서 모처럼 대학로 소극장에 가서 연극 한 편을 보기로 했다. 연극 제목은 '늘근 도둑이야기'였다. 풍자와 해학이 가득한 이야기로 더운 날씨에 한바탕 웃고, 글 쓰는 치과의사 문인들이기에 뭔가 글감을 얻기도 하라는 총무님의 배려도 있었다. 처음엔 제목이 맞춤법도 틀려서 잘못 표기한 것이 아닌가했는데 알고 보니 소리 나는 대로 적은 연출자의 의도적인 부분이 있다는 말을 듣고 더욱 흥미가 일어났다.

은퇴한 후로 백수의 시간이 넉넉한지라 일곱 시에 근처 식당에서 만나자는 약속에 한 시간 먼저 혜화전철역에 도착 대학로를 걸으며 추억에 잠기기로 했다.

지금의 대학로 마로니에공원은 1960년 그때는 서울대학교 본부와 문리과대학이 있었고 그 앞에는 지금은 복개되어 아스팔트로 덮인 인도가 되었지만, 그때는 맑은 시냇물이 흐르던 개천이 있었다. 그리고 대학 정문으로 가는 다리, 그 시절엔 그 다리를 낭만적으로 '미라보 다리'라고 불렀다. "미라보 다리 아래 세느강이 흐르고 / 우리들의 사랑도 흐르네 / 기쁨은 늘 슬픔 뒤에 오는 것…" 기욤 아폴리네르의 시 〈미라보 다리〉를 나는 물론이고 그 당시 젊은 대학생들이 읊조리고 다니며 좋아했었다. 그래서 그런지는 몰라도 여하튼 우리는 그 다리를 '미라보 다리'라고 부르곤 했다.

그 다리를 건너 대학 입학식 하러 가는 날, 개천 양쪽으로 만발한 눈부신 노란 개나리꽃은 나를 풍운의 꿈을 가득 실은 풍선같이 부풀게 해 찬란한 봄 하늘가로 두둥실 날아가게 했다. 팔십이 넘은 지금도, 그때 대학로에 가득 피어있던 개나리꽃과 교정 도서관 앞에 꽃핀 마로니에 나무와 그 꽃의 향기를 잊을 수 없다. 눈을 감으면 가끔씩 떠오르는 평생 잊을 수 없는 아름다운 풍경이기도 했다.

골목은 사람들의 요람이요 고향이요 사람들의 마지막 안식처인지도 모른다.

사람들은 골목에서 태어나고 골목에서 자라서 골목길을 나와 큰길로 나갔다가 황혼이 되면 언젠가는 골목길로 되돌아온다.

그 크고 넓은 대양을 누비고 마음껏 살다가 때가 되어 그가 태어났던 얕고 따뜻한 강으로 회귀하는 한 마리 연어처럼 나는 낙산을 향해 구불구불한 동숭동 골목길을 흐느적거리며 걸어 들어갔다.

문리과대학과 법과대학 사이에 있는 그 골목길은 그땐 흙길이었는데 지금은 아스팔트로 포장된 차 한 대가 겨우 다닐 수 있는 골목길이 되어 있었다.

골목길은 좁을수록 좋고 갈림길과 모퉁이 길이 많을수록 좋다. 미로처럼 구불구불한 골목길에서 길을 자주 잃을수록 좋다.

얼마나 많은 세월 이 골목길을 오고 가고 걸어 다녔던가. 얼마나 많은 시간 이 골목길에서 길을 잃고 헤매었던가.

바위가 많은 낙산을 향해 약간 오르막길을 오르다 보면 막다른 골목이 나오고, 골목의 끝이 아닐까 해서 가보면 모퉁이 길이 나온다. 그 모퉁이를 돌아 오른쪽으로 구불구불 걷다 보면 골목길 양쪽으로 늘어선 집들마다 담벼락 넘어 피어있는 꽃들이 골목 귀퉁이 돌아 부는 바람에 흔들리며 길 잃은 나그네를 반기곤 한다. 거기서 무심코 내리막길을 걷다 보면 좌측에 일본식 이층 다다미집, 나의 인생 최초의 하숙집이 보인다. 일찍 전쟁미망인 되어 고3 아들 하나 데리고 열심히 살고 있는 하숙집 아줌마와 법대생을 짝사랑했던 복스럽게 생긴 식모 복순이의 웃는 얼굴도 보인다.

그 시절에는 하숙생들의 밥상에 고기반찬은 없고 채소만 무성한 밥상을 '그린필드'라고 불렀다.

그 당시 '부라더스 포' 남성 사중창단이 부른 '그린필드'라는 곡이 인기가 많아 젊은이들이 따라 부르며 애창한 노래였다. 영어 가사가 너무 좋아 나도 영어로 부르며 틈만 나면 내 십팔 번으로 마냥 불렀던 팝송이었다. 그러던 어느 날, 며칠째 나물에 채소만 무성한 밥상을 마주한 하숙생들, "밥상이 또 왜 이래! 또 그린필드네." 투덜거리며, 그 밥상을 그대로 두고 하숙생 전원이 학교 앞 중국집에서 탕수육에 짜장면과 술을 실컷 시켜 먹고 당구 한 게임 치고 의기양양 데모를(그때 4.19혁명 때라 학생 데모만능시대) 하면서 하숙집에 돌아왔다. 이젠 하숙집 아줌마가 뭔가 달라지겠지! 생각했는데 천만의 말씀! 하숙집 아줌마는 노발대발 나 하숙 안 치겠으니 한 사람도 남김없이 당장 짐 싸서 나가라고 했다. 우리는 아무 말 없이 각자 자기 방으로 들어가 버렸다. 그때는 12시 통금이 있던 때인데 지금 당장 나가라고 하면 어디로 갈 것이며 나가면 통금 위반으로 다 걸려 파출소 유치장에 감금될 것은 뻔한 일이었다. 그러나 하숙집 아줌마는 정색을 하면서 당장 나가라고 소리치더니 급기야는 벌떡 주저앉아 서럽게 울기 시작했다. 우린 난감했다. 한 시간의 장고와 의논 끝에 제일 연장자인, 419혁명 때 의대 총학생회장으로 의대생을 가운 입혀 광화문 광장까지 데모를 주동하고 경찰에 주모자로 몰려 하숙집 다락에 숨어 지냈던, 그 큰형이 안방에서 울고 있는 하숙집 아줌마에게 가서 무릎 꿇고 30분간 싹싹 빌었다. 우리 생각이 짧았다. 우리가 정말 잘못했다. 다시는 이런 일이 없을 터이니 용서해 달라고 했다. 하숙집 아줌마는 한참이 지난 후 울음을 그치고 다시는 그런 일이 없도록 하라고 다짐받고 마지못해 우리를 용서해주어, 그 '그린필드' 사건은 일단 마무리되었다.

　다음 날 아침 8명의 하숙생은 서로 만족한 웃음을 지으며 아침 밥상에 둘러앉아 계란 프라이에 불고기 반찬을 맛있게 먹었던 추억이 떠오른다. 그 하숙생들은, 4.19혁명 바로 직후 이승만 대통령이 떨리는 목소리로 국민이 원한다면 하야(下野) 하겠다는 약속을 따라 하야하고 돌아온, 이화장별장이 내려다보이는 골목 안 동숭동 하숙집에서 열심히 공부하여, 큰길로 나와 의사와 치과의사가 되고, 약사가 되고, 판검사와 변호사가 되고, 회사원이 되고 레슬링 선수가 되었다. 그때 그들의 젊은 대학생 때 얼굴들이 보고 싶고 그리워진다.

　오늘 와서 보니 그때 그 일본식 2층 다다미집은 간곳없이 사라지고 그 터에 돌벽으로 지은 세련된 3층 양옥집이 떡 버티고 서 있었다. 두 개의 차고도 보이고 대문도 위치가 바뀌어 있어 낯설었다. 하숙집에 대한 추억을 뒤로 하고 약속 장소로 골목길을 돌아 나왔다.

　돌이켜 보면 내 유년의 고향 집도, 그 골목길도, 학교도, 내 대학 캠퍼스도, 하숙집도, 대학로에 있던 다방도, 음악 감상실도, 아내와 데이트하며 즐겨 가곤 했던 명동의 클래식 다방 '설파'도, 작고 아담한 탁자마다 촛불이 켜져 있고 샹송이 내내 흐르던 '프랑시스 알리앙스' 프랑스 카페도 다 없어져 버리는 등 내 아름다운 추억들이 자꾸만 사라져버리는 것 같아 많이 아쉽고 실망스러웠다.

외국 여행을 하다 보면 몇 천 년 되는 유적과 유물은 물론이고 몇 백 년 되는 유명한 카페와 식당이 아직도 많이 남아있어 옛 추억을 더듬고 추억하는 그 나라 사람들과 여행객들이 많이 부러웠었다.

골목길은 도시의 실핏줄이다. 사람의 몸에 퍼져있는 혈관의 총 길이는 12만 킬로미터다. 즉, 펼쳐놓으면 지구를 두 바퀴 돌고도 반 바퀴를 더 돌 수 있다고 한다. 그 혈관 하나가 막혀 혈액순환이 안 되면 그 부위의 기관 및 조직이 염증이 생기고 서서히 괴사되어 사람의 몸이 사망에 이르듯이 도시의 모세혈관이고 혈맥인 수많은 골목길 어느 한 길이라도 막히면 그 도시는 죽은 도시가 된다. 희망이 없는, 생명이 없는 황폐한 도시가 된다. 이리 얽히고 저리 설키는 길인 것 같지만 골목길도 하나의 질서가 있다. 뜻이 있는 곳에 길이 있는 것이다. 골목길에는 슬픔과 기쁨이 있고 만남과 이별이 있고 사랑과 낭만이 있고 기다림과 그리움이 있고 삶과 죽음이 있다. 직선과 곡선의 환상적인 조합도 있다. 골목길에는 퇴근하시어 집에 오는 아버지의 자전거 바퀴살에 부서지는 내 유년의 햇살이 있고, 장에 갔다 광주리에 먹을 것을 잔뜩 사서 머리에 이고 오는 어머니의 인자한 얼굴에 깃들인 은회색 저녁도 있다. 자치기, 땅따먹기, 딱지치기, 구슬치기, 말타기 놀이, 팽이놀이 하는 내 어릴 때 개구쟁이 친구들의 그리운 얼굴도 있고, 동요를 부르며 하는 고무줄놀이, 널뛰기, '꼭꼭 숨어라 머리카락 보일라. 숨었니?' 숨바꼭질하는 내 누이들의 웃음소리도 있다.

막다른 골목이란 없다. 끊어질 듯 끊어질 듯 이어가는 여러 갈랫길이 거미줄처럼 연결되어 사람들이 길을 잃도록 유혹하고 있는 것이다. 그 골목이 끝나는 막다른 골목에는 제각기 바라고 희구하는 그 어떤 대상들, 희망이기도 하고, 기다림이기도 하는 것들이 손짓하며 자석처럼 우리를 끌어당기고 있는 것이다.

유난히 많은 갈랫길과 모퉁이길! 동숭동 골목길에서 나는 이리 갈까 저리 갈까 망설이며 길을 잃고 고뇌했던 내 젊은 날이 지금도 아픔으로 내 가슴을 저며 오는 것 같다. 사람이 인생길을 걷다 보면 수많은 골목길 모퉁이길 갈림길을 만나게 된다. 그리고 반드시 갈 길을 선택해야 한다. 세월이 지나면 선택했던 길들이 현명한 선택이 아니었고 대부분 잘못된 선택이 더 많았다는 것을 알게 된다.

그러나 중요한 것은 그 길이 잘한 선택이었냐, 잘 못된 선택이었냐 하는 것이 중요한 것이 아니고, 중요한 것은 내가 고심 끝에 선택한 길이 가장 최선의 선택이었다고 굳게 믿고 다짐하며 되돌아보지 말고 의연하게 앞으로 걸어 나가는 것이었다. 그 길이 실패한 길이였다 할지라도.

미로와 같은 막막한 길에도 반드시 출구는 있다. 이제 지금 걷는 이 골목길의 끝은 어디이고, 그 골목 어디에 내 평생 첫 하숙집이 있고, 지금도 그 하숙집이 나를 기다리고 있다는 것과 그렇게 부끄럽고 망설이다 용기 내어 한 첫 키스를 나누었던 사랑과 낭만이 깃들인 골목길, 그 모퉁이에서 아직도 나는 그녀를 기다리고 그리워하고 있다는, 기억들이 지금 와서 내 인생에 얼마나 아름다운 추억으로 간직되어 내 삶을 기름지게 하는지 모른다.

소극장 옆에 돈가스 집을 찾으려 약속 시간보다 10분 늦게 골목길을 헤맸다. 마중 나온 회장님을 만날 수 있어 다행이었다. 멋있는 데이트를 즐기는 젊은 청춘들을 보며 나도 그런 시절이 언제 있었지 하며 빙그레 웃어본다. 연극은 100분 동안 계속되었고 우린 웃다가 시간 가는 줄 모르고 재미있게 즐겼다. 웃음 다음에 오는 것은 슬픔이다. 희극 배우의 뒷모습은 언제나 쓸쓸하고 외로워 보인다. 그 옛날 대학 연극부에 들어가 주인공이나 배우는 하지 못했지만 스태프로서 진행을 맡았었다. 지금 연극 제목도, 연출가 이름도 잊었지만 남산에 있던 옛 KBS 방송국 앞에 있던 드라마센터에서 밤을 새우며 연극을 준비했던 기억이 떠오른다. 진짜 연극은 배우들만이 하는 게 아니고 무대 뒤에서 수고하는 백 스태프(BACK STAFF)들이 하는 것이라는 것을 알았다. 그리고 연극이 다 끝나 그 많은 관객이 떠나고 조명이 다 꺼진 어둡고 텅 빈 극장을 걸어 나올 때 느꼈던 허전하고 외롭고 슬픈 기억은 내 인생 굽이마다 나를 눈물지게 했다.

담 넘어 들어간 그 집주인과 개들이 조용히 잠들기를 기다리다

도둑질도 못 하고 경찰서로 끌려간 두 늙은 도둑이 훔치려던 것은 도대체 무엇이었을까? 4호선 오이도행 전철 경로석에 앉아 집으로 오는 내내 생각에 잠겼다.

나도 지금 인생길 어느 골목 어귀에서 귀중한 시간을 훔치고 있는 '늘근 도둑'이 아닐까?

2022년 8월
군포문인협회 여덟 번째 사화집 〈그 길에 있다〉에 수록

마지막 선물

어렸을 때 우린 검정고무신을 많이 신고 다녔다. 키가 크고 힘이 센 친구는 학교 신발장에 벗어놓은 고무신을 훔쳐 엿장수에게 갖다 주고 엿을 바꿔먹었다. 신발 잃어버린 아이는 엉엉 울며 맨발로 집에 가곤했다. 예외 없이 아버지나 어머니에게 신발을 잃어버렸다고 꾸중을 듣거나 매를 맞았다. 집안이 부유한 아이들은 하얀 운동화를 신고 자랑하며 다녔다. 운동화는 엿이나 꽈배기로 바꾸어 주지 않아 인기가 없었지만 가볍고 멋이 있어 모두들 부러워했다. 비가 오는 날에는 운동화는 여지없이 밀렸고 웅덩이 물에 배 띄우는 것은 언제나 고무신이었다.

중학교 다닐 때는 운동화를 많이들 신고 다녔다. 그때도 어려운 시절이라 우린 운동화가 밑바닥이 다 닳아 물이 샐 때까지 신고 다녔다. 한번은 음악시간에 음악선생님이 칠판에 음계를 그리고 돌아서는 데 선생님의 낡은 구두가 크게 하품을 하며 입을 벌리는 바람에 학생들이 쿡쿡 웃고 말았다. 영문을 모르는 선생님은 "왜 웃느냐?"고 화를 내셨고, 학생들의 웃음소리는 더 커지며 "선생님! 구두가…"하면서 입 벌린 구두 한 짝을 가리켰다. 그걸 보시고 사태를 파악한 선생님은 "아아~ 구두도 음악시간인 줄 아는 모양이로구나. 입을 크게 벌리게…"하시면서 아무렇지도 않게 수업을 계속했다. 오래 신고 다녀서 너덜너덜한 낡은 구두와 계절에 관계없이 단벌인 낡은 신사복을 입고 다녔던 검소한(?) 음악선생님이 그렇게 측은해 보일 수가 없었다. 다 헤어진 구두를 보면 항상 생각나는 것은 음악선생님의 헤벌리고 입을 벌린 낡은 구두가 생각이 났다. 아울러 음악선생님은 언제나 가난하다는 선입견이 얼마동안 나를 괴롭게 했다.

내가 처음으로 구두를 신게 된 것은 서울대학에 합격해서 축하의 뜻으로 아버지께서 구둣방에 가서 직접 내 발을 재고 내 발 사이즈에 맞춘 내 생애 처음인 새 맞춤 구두를 선물 받은 때였다. 그때는 기성 구두가 없을 때였고, 있다 해도 다른 외국 수입 구두였고 돈 많은 부자들만 신는 고급지고 비싼 유명한 메이커 있는 구두였기에 일반 서민들은 생각지도 못할 시절이었다. 아버지께서는 큰아들의 대학합격이 너무 좋아서 구두는 물론 신사복 한 벌도 맞춰 주신다고 했다. 그리고 입학선물로 종로 덕안시계점에서 고급 시계도 사주셨다. 그러나 나는 양복만큼은 극구 사양했다. 아버지의 마음이 고맙긴 했지만 난 나만 그렇게 좋은 양복을 입고 다닐 만큼 용기도 없었고, 가난한 친구들에게 왠지 미안하고 부끄러워 마음이 편치 않을 것 같아 사양했다. 그리고 그렇게 아들이 대견해서 돈을 막 쓰는 아버지의 앞날이 이상하게 걱정이 되었다. 아버지에게 난 "아버지, 고맙긴 하지만요 멋있는 서울대학 전용 교복과 빵모자도 있으니 양복은 굳이 안 맞추어도 될 것 같아요."했다. 그 후 지금까지 아버지가 사주는 신사복은 입을 수가 없었다. 나중에 얼마나 후회를 했는지 모른다. 그렇게 사준 구두는 대학생활 내내 아끼고 아껴, 그 옛날 중학교 음악선생님의 구두처럼 입을 쫙 벌리고 하품을 할 때까지 닳고 닳은 구두를 신고 다녔다.

집안 형편이 안 좋아 아르바이트(가정교사)를 하며 대학 등록금을 벌어야하는 처지에 있던 나는 헌 신발을 버리고 망설이고 망설인 끝에 큰맘 먹고 남대문 시장 구둣가게에서 검정구두 한 켤레를 샀다. 그런데 한 달도 안 되어 빗물이 새어 축축이 젖은 구두를 보고 참담하기 이를 데가 없었다. 밑창을 자세히 보니 토막 난 고무창 몇 조각을 이어 붙인 불량품이었다. 남대문 시장 그 가게에 가서 항의하고 싸웠지만 한 달이나 사용했고, 거기서 샀다는 증거도 없다(그때는 영수증이 없던 시절)는 이유들을 들어 결국 아무 소득도 없이 배신감만 가득이 안고 돌아왔던 아픈 기억이 있다. 그 당시 우리나라도, 우리 집도 가난하여 잘 먹지도, 입지도, 잘 살지 못했다.

대학을 졸업하고 군의관으로 입대했다. 팬티부터 각종 내복은 물론 작업복과 전투복과 작업모, 헬멧, 철모, 장교 정복과 정모, 또한 신사구두와 군화(워커)를 전부 대한민국 육군에서 지급해 주었다. 뿐만 아니라 하루 세끼 꼬박꼬박 먹여 주었고 감빵(건빵) 같은 간식에 화랑담배까지 지급되고 훈련과 교육까지 시켜주었다. 더구나 한 달에 한번 계급에 따라 봉급까지 챙겨 주었다. 너무 놀랍고 너무 감사해서 눈물까지 났다. 죽도록 충성해서 나라와 국민을 위해 기꺼이 충성하겠다는 마음이 절로 들었다. 특히 감동한 것은 그 통가죽으로 만든 신사구두와 튼튼하고 든든한 워커라는 군화가 지급되었다는 사실이다. 얼마나 기다리며 신고 싶었던 새 구두였든가.

군을 예편하고 치과개업을 하고 형편이 좋아져서 아무 부담 없이 새 구두를 사 신기 시작하면서 구두에 대한 아픈 추억은 잊었다. 나는 내 아들딸들에게는 아낌없이 구두를 사주었고 할아버지의 구두에 대한 슬픈 추억은 한마디도 들려주지 않았다.

1980년대 초반 어느 날 갑자기 아버지가 집에서 쓰러지셨다. 난 뇌졸중이나 뇌종양이 아닌가 해서 중풍치료로 그 당시 유명한 경희대 한방병원으로 응급이송을 했다. 각종 검사와 엑스레이를 찍어보니 뇌종양이라고 진단이 나서 바로 한방병실로 입원 가료를 시작했다. 얼마의 시간이 경과 차도가 없어 그 대학양방병원 내과로 옮겨 진단을 해보니 원인은 폐암 말기로, 암세포가 뇌로 전이되어 수술도 할 수 없고 기껏해야 6개월밖에 살수 없다는 사형선고를 받았다. 아버지의 청천벽력(靑天霹靂)과도 같은 암 선고는 나는 물론이고 모든 가족들은 깜짝 놀라게 했고 절망 속에 눈물만 흘렸다.

젊었을 때부터 심한 애연가로 담배를 많이 피워왔고, 말년에 좁고 낡은 집의 부엌과 구들에서 새어 나오는 연탄가스를 많이 마시게 된 것이 폐암의 직접적 원인이 된 것 같아 그동안 아버지의 건강과 환경을 챙기지 못한 장남인 나의 불찰이 커서 한없는 후회와 막심한 불효를 어찌 할 수가 없었다. 돌아가실 때 돌아가시더라도 아버지에게는 비밀로 하고 아버지 앞에서 입을 다물고 눈물을 흘리지 않기로 어머니와 형제자매들과 약속을 했다.

그런데 폐암은 보통 통증이 아주 심해 본인은 물론 가족들에게 심한 고통을 주어 강력한 진통제(모르핀)를 주사해서 견딜 수밖에 없다고들 하는데, 아버지의 경우 그런 심한 고통이 없어 얼마나 감사한지 몰랐다. 전문의 말로는 불행 중 다행히 폐암이 뇌로 전이되면서 암 덩어리가 이 뇌신경을 눌러 통증을 못 느끼는 거라고 했다. 내과의사는 대증요법만 할 수밖에 없고 별다른 치료도 소용없으니 보름동안 입원하셨다가 퇴원해서 집에서 마음대로 먹고 편하게 생활하라고 권했다. 퇴원하기 며칠 전 아무것도 모르는 아버지는 다 나아서 퇴원하실 것이라고 기뻐하시며, 병원입원환자에게 무료로 이발 봉사하는 이발사에게 흐뭇한 표정으로 이발을 했다. 그 모습을 보고 있던 나는 이를 데 없이 눈물이 나서 그 병실에서 나와 버렸다. 아버지의 이 세상에서의 마지막 이발이었다. 퇴원하기 전 날 아버지에게 좋은 선물을 하고 싶어 궁리 끝에 낡고 헤진 구두를 버리고 새로운 삶을 시작한다는 의미로 새 구두를 선물했다. 아버지는 너무나 기뻐하시며 "아들아, 정말 고맙다."하시며 나의 마지막 선물을 웃으시면서 받았다. 다음날 퇴원하는 날 그 새 구두를 신으시고 흐뭇한 표정으로 집으로 돌아왔다. 나는 속으로 얼마나 울었는지 모른다. 사랑하는 사람에게 신발을 사주면 멀리 떠나버린다는 말이 정말일까?

퇴원하신 아버지는 혹시 의사가 오진을 한 것 아닐까? 생각이 들 정도로 좋아지신 것 같았고, 그 구두를 신고 외출도 하시며 친구들과 다방에 가서 커피도 마시고 아들 선물도 자랑하시곤 했다. 의사선생님의 말대로 어김없이 쓰러지신 지 육 개월 후인 어느 날, 퇴원 후 다시 쓰러지신 아버지는 일어나지 못하시고 내 마지막 선물인 새 구두만 덩그러니 벗어놓고 하늘나라로 가셨다. 내 나이 만 40세에 가장이 되었다.

계절의 여왕 오월의 아름다운 신록 앞에 웬일로 나의 사랑하는 아버지가 많이 그립고 보고 싶다.

2023년 5월 15일

작금의 치과계 행태에 '통탄'한다

동녘하늘에 힘차게 떠오르는 태양의 찬란함도 아름답지만 모든 것 남김없이 시뻘겋게 불태우며 조용히 사라지는 석양의 아름다움은 그지없이 신비로움마저 느끼게 한다.

치과대학을 다닐 때 모 선배님의 아버님이 개업하고 계시는 서대문로터리 근처 치과의원에 간 적이 있다. 그 선배님 아버님의 새하얀, 아름다운 백발에 불그스름하고 온화한 모습을 보고 나도 저렇게 곱게 늙어가고 싶다는 생각을 했다.

치과계의 원로라고 하기에는 조금은 부끄럽고, 조금은 아쉬운 칠순(古稀)을 갓 넘은 이 나이에 작금에 벌어지고 있는 치과계의 어지러운 분쟁과 행태와 법정공방을 바라보며 울고 싶은 심정으로 통탄을 금할 수가 없다.

    1960년 치의예과에 입학하자마자 4.19 민주항쟁, 5.16 혁명을 겪으면서 내 치과의사로서의 삶이 시작이 되었다. 28개밖에 안 되는 치아를 뭐 배울 게 많다고 6년 동안이나 치과대학을 다니느냐? 의대나 가지, 왜 치대를 갔느냐고 데이트마저 거부하며 무시하던 그 당시 여대생들, 황량한 청량리 예과(지금 미주아파트 자리)시절에, 의예과 학생들과 비교하면서 치의예과에 다니는 우리를 멸시하고, 열등감을 심어주던 의과대학 교수님들, 일제강점시대에 세운 낡고 허름하고 좁은 강의실과 빈약한 치과대학 부속병원시설 속에서도 열심히 공부하며, 꿈과 희망을 키워왔던 소공동 치과대학 시절(옛날 중전이나 후궁들이 아기를 낳은 저경궁 터, 지금은 사라져 한국은행 건물이 들어서 있는 곳), 훈련과 전투속의 군의관 시절, 실력 있는 치과의사가 돼야 된다고 그 수많은 시험지옥을 거쳐 학사, 석사, 박사과정을 이수하고서, 빚 얻어 겨우 작은 허름한 건물에 개업한 개업의사로서, 눈물과 좌절과 인내와 기쁨과 보람으로 살아온 세월들이 주마등처럼 스쳐지나간다.

    치과의사가 가장 안정적이며 존경받는 직업으로, 가장 인기 있는 신랑, 신붓감 후보로, 가장 돈 잘 버는 소득이 높은 의사 중에 의사로서, 대국민 무료진료와 구제를 통해 사회에 공헌하고, 감사할 줄 아는 치과의사로서의 그 위상이 높아지며, 세계 최고 수준의 엄청난 치과계(치과 기공계, 치과산업을 포함) 발전을 바라보며 흐뭇한 기쁨과 보람 속에 오늘날까지 살아왔다.

아들이 아버지의 직업을 선택, 계승하면 그 아버지는 성공한 아버지라는 말이 있듯이 내 아들도 치과의사가 되었으니 나도 성공한 아버지, 성공한 인생이 아닌가 하는 생각이 든다.

이러한 모든 치과계의 발전과 위상은 그 어려운 시대를 참고 견디고 노력했던 우리 선후배, 동료들의 피와 땀과 눈물의 값진 열매라고 감히 말하고 싶다.

그런데 작금의 치과계는 어떠한가? 못된 미꾸라지 한 마리가 흙탕물을 일으켜서 웅덩이의 물을 다 흐리게 한다는 말과 같이, U모 네트워크치과가 오직 돈만 벌기 위해 영리적 목적으로 갖은 탈법과 불법을 자행하며 치과의사로서의 윤리와 양심마저 저버리고, 값싼 의료비로 서민들을 위해 치과의 문턱을 낮췄다는 그럴듯한 포장과 궤변으로, 덤핑과 호객행위로, 오직 자기의 욕심만을 위해 동료치과의사들을 짓밟고, 동료치과의사들, 기공사들, 치과위생사들과 노예계약 같은 일방적인 계약으로 억압하면서, 의술 아닌 상술로, 의원이 아니라 피라미드 기업으로 오직 돈만 긁어모으며, 치과계를 혼란과 분쟁 가운데 그동안 쌓아온 치과계의 공든 탑을 완전히 무너뜨리고 있는 참담한 현실 속으로 휘몰아 가고 있는 것이다.

그들이 싼 가격으로 덤핑하며, 호객하며, 임플란트를 땅에 말뚝 박듯이 하루에 수백 개를 박아 박리다매하며, 블랙홀(black hole) 같이 환자들을 빨아드리는 바람에, 정직하고, 성실한, 선량한 치과의사들이 환자를 뺏기고, 병원경영이 어려워지고, 신용불량자가 늘어나며, 눈물 흘리며, 할 수 없이 치과의원 문을 닫고 폐업과 은퇴를 하며, 심지어는 자살로 생을 포기하고 마감하는, 작금의 치과계 현실을 초래한 것이다.

돈을 그렇게 벌고 싶으면 왜 기업이나 사업을 하는 기업가나 사업가가 되지 치과의사가 됐는지 도대체 알 수가 없다.

필자가 알기로는 그 U모 네트워크치과가 은행이나 제3금융권에서 거금의 융자를 받거나 돈 많은 물주(사무장치과)를 끌어들여 막강한 자금력으로 전국각지에 수십 개의 네트워크치과를 세우고 치과의사들, 기공사들, 위생사, 간호사들에게 노예계약 같은 계약을 하고 억압하고, 하루에 수십 개의 임플란트를 해야 하고 보고함으로써 진료강요를 한다고 들었었으며, 진료의 수준이나, 수술 후

유증으로 환자들의 민원이 많아 각종 소송이나 분쟁이 끝없이 이어진다는 것이다. 또 이런 분쟁이나 의료사고, 하루 일당의 환자를 보지 못하면, 고용된 원장이나 의료진에게 책임지게 하며 그들의 급여에서 삭감하기도 한다는 것이다. 마치 사기집단 같은 악행을 자행하고 있다는 것이다.

 수많은 동료들에게 상대적 박탈감, 좌절감, 허탈감 등 깊은 상처를 주며 짓밟고, 그 돈이라는 것을 그런 식으로 벌어서 자기 혼자 잘 먹고, 잘 사는 것이 과연 행복한 삶인지? 그렇게 돈을 벌어서 어디에 어떻게 쓰고 살려는지 아무리 상식적인 생각으로도 이해할 수가 없다. 우리 선배들과 동료 치과의사들이 치과계의 괴물을 키운 것 같아 부끄럽고 죄송한 마음뿐이다.

 치과의사협회와 U모 네트워크치과가 국민들을 향해 언론에 서로 비방하고 서로 물고 찢고, 발암물질이 어떻고 임플란트가 어떻고, 불법계약 불법의료행위가 어떻고 하면서 싸우는 이전투구(泥田鬪狗)를 계속하는 것은 우리의 치부와 어리석음을 내보이며, 우리에게 깊은 상처와 아픔으로 남으며 누가 옳고 그르냐를 떠나서 국민들에게 치과진료에 대한 불신과 염려와 오해밖에 남는 것이 없다는 것을 우리는 분명히 알아야 한다.

사람은 누구나 실수할 수 있다. 실수와 잘못이 실패는 아닌 것이다. 실수를 실수로 인정하고 깨달아 실수를 다시 하지 않는 것이 성공인 것이요, 실수를 실수로 인정하지 못하고, 깨닫지 못해 더 많은 실수를 할 때 그는 실패한 인생이 되는 것이다.

"욕심이 잉태하여 죄를 낳고, 죄가 장성하여 사망에 이르느니라."는 성경말씀처럼 욕심과 탐심은 반드시 인간을 타락시키고 멸망시키는 것이다. 죄와 잘못을 변명하고 덮으려 할수록 더한 죄와 잘못을 낳게 되는 것이다. 비록 자기와 생각과 판단과 행동이 옳다고 생각이 되더라도 그것이 수많은 사람과 이웃과 대다수 치과의사들에게 상처가 되며 박탈감과 좌절감, 나아가 증오감을 준다면 과감히 자기의 사상과 행동을 거두고 잘못을 인정하고, 시정하는 것도 사내대장부로서, 선구자로서의 대범한 용기라고 생각한다.

"너희는 서로 70번씩 7번이라도 서로 용서하라"라는 예수그리스도의 말씀 따라 서로 용서하고, 화해하고, 더불어 잘사는 치과계가 됐으면 한다.

이제라도 늦지 않다. 언제나 시작은 가장 늦지 않는 빠른 길인 것이다. 모든 잘못된 생각과 행위를 바로잡고, 회개함으로써 국민들과 동료치과의사와 기공사, 치과위생사, 치과산업에 종사하는 모든 사람들에게 사죄하고 새로 거듭나서 다시 한 번 용서와 화해로 새로운 치과계로 거듭나기를 바라는 바이다.

"악관(惡罐)이 약만(若滿)이면 천필주지(天必誅之)니라.
나쁜 마음이 가득차면 하늘이 반드시 벨 것이다."
송나라 도덕서 익지서(益智書)에 나오는 말이다.

소크라테스가 독배를 마시며 제자 클리톤에게 말했다.
"사는 것이 중요한 문제가 아니라 바로 사는 것이 중요하다."

《치의신보》 2011년 9월 29일자 칼럼 기고

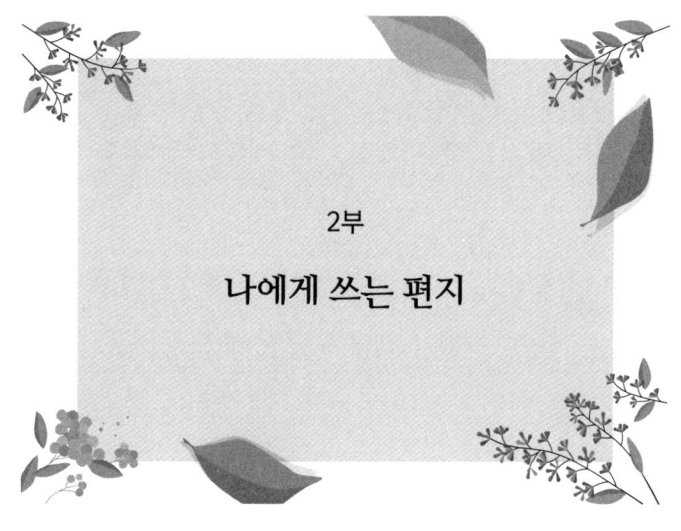

2부

나에게 쓰는 편지

메모리

나이 들어 버릴 것은 버리고 비울 것은 비워야 돌아가는 하늘 길이 가벼워질 것 같다. 사소한 것도 버리지 못하고 미련을 가지고 간직하고 쌓아두는 성격 탓에 오래된 물건들이 많다. 내가 가지고 있는 소중한 것들이 남의 눈에는 하찮은 것들이 많을 것이다. 예를 들면 옛날 일기장, 가계부, 상장들, 골동품들, 각종 우표들, 수많은 책들, 특별히 많은 추억을 간직한 의미 있는 사진들은 나에게는 귀하고 소중하지만 우리가 죽은 다음에는 자식들에게는 부담이 되는 쓰레기 같이 버려지는 것, 태워 없애지는 연기 같은 것일 수밖에 없다. 어쩌면 자식들의 그런 행동은 부모들에게 불효가 되는 것 같지만 어떤 면에서는 당연한 소멸의 법칙에 따르는 것인지도 모른다.

그 자식들에게 부담이 되고 일거리를 줄까봐 우리 부부는 미리 정리해놓기로 했다. 그러나 아내는 미련 없이 잘도 버리고 정리하는데 나는 미련을 가지고 망설이고 아내 몰래 또 뭔가를 남기곤 한다.

얼마 전에 낡은 일기장들 가운데 누렇게 빛바랜 겉장에 '〈MEMORY〉-學窓時節의 追憶. 단기 4290년 3학년 2반. 김계종'이라고 쓰인 60여 페이지 정도의 메모리 책을 발견하고 반갑게 읽어보았다. 서기 1957년 내가 중학교 3학년 졸업을 앞두고 헤어지는 친구들이 서로 간에 석별의 정을 나누는 글을 써서 주고받도록 메모지를 나누곤 했다. 그 당시 메모리 주고받는 일이 졸업을 앞둔 학생들 사이에 유행이 되었다. 나도 3학년 2반으로 60여장의 메모리를 주고받아 추억하는 기념으로 남겨 일기장들 사이에 소중하게 보관해왔다.

어떤 친구는 의젓하게 세계 유명한 명구(名句)나 격언, 시구(詩句)를 빌어 앞으로의 장도(壯途)를 축하해주었는가 하면, 어떤 친구는 장난스럽게 별명도 부르고 욕도 하고 천진난만하게 굴기도 했다. 이제 생각해 보니 다정다감하기도 하고 철없고 순진했던 친구들이 잘 크고 잘 자라서 대법관도 되고 판검사, 변호사도 되고, 의사도 되고, 교수도 되고, 유명한 작가도 되고, 국회의원도 되고, 장관도 되고, 대기업의 회장, 사장, 이사도 되고, 교수도 되고 학교

교사도 되고 훌륭한 과학자도 되고, 지극히 평범한 농부도 되어, 모두다 무언가 되어 이 사회에 공헌하며 제각기 자기 역할을 하며 잘 살아 왔다는 것이다. 우리는 만났다가 헤어지고 뭔가가 되어 다시 만난다. 개구쟁이 중학생이었던 친구들이 열심히 살아왔고, 이제 생활전선에서 물러나 은퇴하고 모두들 세월의 흐름에 따라 늙어가고 있다고 생각하니 만감이 교차되고, 감개가 무량하며 빙그레 미소가 번진다. 사람의 얼굴들이 백인백색 다 다르듯이 제각기 다른 운명과 인연 속에 똑같은 사람 똑같은 인생은 없다고 생각한다. 누구나 제각기 걸어온 자기의 길이 있고, 앞으로 걸어가야 할 길이 있는 것이리라.

아무것도 모르고 순진무구(純眞無垢), 적자지심(赤子之心)했던 그 옛날 중학교 친구들의 말과 충고대로, 그들이 바랐던 훌륭한 인물로, 성공한 인생으로 나는 잘 살아왔는지 뒤돌아보니 많이 부족하고 아쉽기 그지없다.

그 순수하고 아름다운 시절에 만난 우리의 귀한 인연이 세월의 흐름 따라 이제는 소중한 추억으로 우리의 마음속에 오롯이 남아 있다. 일찍이 유명을 달리한 친구들도 있지만, 백세시대를 살아가고 있는 요즈음 아직도 많은 친구들이 살아 있어 감사하며 그 옛날 마른버짐 피던 친구들이 많이 그립고 보고 싶다.

*'콜럼버스처럼 용기와 과감함을 배워라. 소크라테스처럼 세상을 감상할 줄 알라. 괴테처럼 자신을 묘사할 줄 알라. 우리의 이상은 고원해야 하며 결코 저속해서는 안 된다. 면밀한 그러면서도 커다란 마음의 소유자가 되라. 행복을 빈다.' -대법관이 된 친구 윤○식의 메모리이다.

*'안광이 지배에 철할 때까지 책을 읽어 보십시오!! 우리는 아니 君은 대망을 품고 成功의 길로 일보 이보 前進하는 聖業으로서 只今 그 過程을 밟고 있는 天眞한 大韓의 學生. 君의 앞날에 항상 바쁨을 느끼는 幸福이 있기를 빌며 아울러 부탁하오. 부디부디 母國을 잊지 말고 新國을 이루어 주기를. 총총.' -별명이 good morning? 이라는 윤○○.

*'親애하는 계종군! 자네는 꼬마 축에서도 젊잖기로 이름났데 그려-뿐만 아니라 꼬마의 모범생! 모범은 성공의 가능성을 보여 준다네. 부디 이 말을 명심하여 성공하기를 부탁하네.' -별명이 water king (물왕)이라는 임○수.

*'개똥아! 너 왜 똥을 먹고 사니. 이왕이면 밥 먹고 어지간히 공부해라. 공부를 너무하면 건강에 좋지 못하다.' -별명이 너의 삼촌 이라고 쓴 최○○.

*'정직하며 남을 시기하는 마음이 없어 보이는 너의 마음씨를 나는 존경하고 싶구나. 진실로 너와 같은 사람에게 광명의 길이 있기를… 運은 勇

敢한 者를 사랑한다.' -김○환

*'졸업을 하시니 모든 것이 즐거움이라. 개달이 밑에 붕알도 즐거울 줄 믿으며… 내가 시집가실 때 당신은 꼭 오시리라.' -별명이<개달이 밑에 붕알>인 김○웅.

*'三年이란 기나긴 세월을 감정에 더럽힘이 없이 한없는 정욕 속에서 괴로움과 즐거움을 단순한 적멸로부터 아니 허망 속에서 새로운 삶과 축복이 깃드는 심정을 존귀하라. 계종아, 이 세상에 불가능은 없다는 말을 가슴 깊이 가다듬고 한결같이 부족함을 북돋우라. 이것만이 우리의 갈 길이다. 탐욕에서 벗어나 광대무변한 바다와 같이 어둠의 세계에서 광명의 세계로 이끄는 고귀한 인간이 되라. 스스로 자기를 반성하며 모진 눈보라에도 꿋꿋이 흔들리지 않는 자가 이 세상에 너와 나의 성스러운 행운을 가슴에 품고 무능한 머리에 문화가 꽃피기를 바란다는 것을 잊지 말고. very hard work.' -김○음.

*'인생은 바람 앞에 촛불인줄 알라. 성공을 하려면 그렇게 평탄하고 쉬운 게 아니다. 노력, 분투, 의지 등을 가져라. 그러면 너는 세계에, 인류에 공헌하는 자가 될 것이다.' -의과대학병원 외과과장이 된 친구 최○의 메모리.

*'그대의 앞날의 성공과 희망을 "축복" 고등학교 너의 목적지를 달성해라. 너는 너의 앞날을 위해 무엇을 어떻게 해라. 그러나 나의 희망은. 너의 가는 길 中에 장가를 가거든 청첩장이나 내 다오.' -"남평 촌놈"이라는 별명의 정○근.

*'길다고 하면 길고 짧다고 하면 짧은 中學時節도 어느덧 지나가고 希望을 찾아 眞理의 꿈을 찾아 사랑을 찾아 파도치는 바다 목마른 사막 엉클어진 가시밭을 헤치면서 眞理를 잊지 말고 보람있는 一生을 살게나. 조이때기, 옆팔로, 동키호테, 좆털보이, 개똥이, 노봉, 용머리, 마똥방, 소록도, 최섭섭 모든 것이 追憶뿐이구나. 만날 날이 있겠지, 그러나 섭섭천만.' -김○중.

*'求하라, 주실 것이요. 찾으라, 만날 것이요. 문을 두드리라, 열어주실 것이다.' -별명이 소눈깔이라는 이○주.

*'만 일 년 동안 싸우고 웃고 하던 것도 이제는 막을 내린가 보는구먼. 좌우간 이별이라 해도 살아있는 한 언제고 또한 만날 날이 있을 테니까 굳은 신념을 가지고 끝까지 노력해 다우.' -"쪽빨이"하지라는 별명의 오○구.

*'Youth and age will never agree. Yielding is sometimes the best way of succeeding.' -정신과병원 원장이 된 정신과 의사가 된 이○경 친

71

구의 메모리.

*'그대의 영특한 머리는 장래 유망한 청년이 될 거야! 꼭 자네가 성공할 것을 믿네! 바른 길이냐! 나쁜 길이냐! 두 길목에 그대는 바른 길을 택하라. 그리고 좀 건강하기를 비네. 꼭 그때 날 초대하게 하하… 생각만 해도 우습다. 헤이.' -mambo라는 별명의 친구 김○복.

*'총명한 그대는 장래의 우리나라 기둥. 더욱더 붉은 노력을 하여 양초와 같은 희생자가 되라. 네가 나를 초청할 때가 있기를…' -별명이 소록도 원장인 친구 송○호의 메모리.

*'그 아릿다운 얼굴이 웃음이 있으면 폭패인 볼이 그만 질색인고나. 나는 에가 닿없는 바다에 등대와 같이 너도 이 암흑 세상에 단 하나의 광명의 촛불이 되기를 빌며(이 못난 친구를 영원히 기억하소서) Life is War.' -별명이 처분대로인 최○언.

*'북풍 많이 휩쓰는 북극의 거리에 갈 곳 몰라 헤매이는 한 떨기 장미꽃 그대는 부디 성공의 길을 걸어 행운이 있기를 손 모아 기도. 아멘! 동생에게 (결혼하면 청하라.)' -별명 본관나귀 전○복.

*'언제나 침묵속에서 사는 자네를 언제나 못 잊겠네. 심난이들을 옆에

두고 성공의 길을 열심히 전진하는 자네에게 나로서는 미약한 힘으로 빌 뿐… 영원히 잊지 말자.' -별명 처분대로 그러나 심난이 최○오.

*'눈물의 苦海를 넘지 않은 幸福은 가치 없는 幸福이다. -from your father.' 김○수.

*'헤어지는 그대를 붙들고 목메어 울어본들 어이할 길 없이 그대의 성공과 영원한 건강을 아울러 빌며. good bye!' -신○인.

*'헤어진다고 해서 슬퍼만 말고 오로지 희망을 향하여 매진하기를!' -조○재.

*'Diligent is the mother. good luck!' -홍○철.

*'내 옆에 앉은 그대와 헤어질 것을 생각하니 코에서 눈물이 쫄쫄쫄… 다시 만날 것을 생각하니 떨어진 눈물이 눈으로 직각 꼴인! 부디 노력하여 성공의 보금자리에 달콤한 꿈을 주소서. 별명 처분대로.' -오○영.

*'앞으로 앞으로 진리 탐구를 위하여 매진하는 계종군, 그대의 앞에는 한 기막힌 길이 기다리고 있다. 成功이 기다리고 있다.' -별명 김주사 김○중.

*'복실복실한 얼굴에 미소를 띠우면 더욱 귀여워 보여워요. 착실한 성미에 말단의 용기를 가지고 高校에 진출하기를 떠나는 마당에서 마음껏 기도를 드리노라.' -별명 西洋의 美人. 박○완.

*'남자다운 그대의 묵직한 마음, 바위와 같이 믿음직한 마음, 그대의 마음은 앞날의 성공을 증명하듯 어둠을 헤치고 밝음을 찾아가는 그대의 앞길에는 희망과 성공이 있으리. 아멘!' -별명 참봉 지○택.

*'착실히 熱心히 끈기있게 쉬지말고 한 눈 팔지말고 바른 길로 征途로 옆길이 아닌 길로 나가서 훌륭히 높이 넓게 길게 돼서 해마다 선물 많이… 부탁한다.' -별명 홍타시 국회의원이 된 김○홍.

*'가장 現想적인 希望 속에서 가장 아름다운 靑年이 되소서!! 男子의 아름다움이란 장미 香氣보다 몇 배의 가치가 있을 것이다. 계종이 앞에 卒業이란 成功의 一步!' -별명 이 아시다시피.<쏘세미> 조○세.

*'계종군!! 3년간의 아름다운 꿈을 남기고 이제 사라지켜는 벗이여. 이제는 이별이라니 슬픔 마음 비길데 없구려. 비록 헤어질망정 못난 이 벗 잊지 말아 주게. 그대의 행복을 빌면서. ㅂC.' -최○철.

*'배움의 길은 푸른잔디와 같이 평탄하고 쉽지 않는 것을 아소. 형극로

이다네. 군의 굳은 의지와 신념으로… 부디 희미한 이 존재는 잊지마. 무엇이더라. 아아! 소서. 눈에서 콧물이 나올 지경.' —별명 털털이 소대장 직속 부하지요. 조○현.

*'영원히 잊지 못할 벗 계종이여!! 언제 보아도 순결한 벗이여! 추억과 함께 사라지려는 벗이여! 벗과 만난 지도 벌써 추억의 page를 넘겨버리고 말았구려. 부디 이 못난 사람을 추억의 황혼 속에 그대로 새겨주기를 빌며 오직 벗의 앞날에 영원한 행복이 찾아들기를 빌면서' —별명 논산에 있는 그 무엇일까요? 외과의사가 된 은○.

*'평화로운 미소를 항상 던져주던 그대의 앞날을 사정없이 비네!! "한 떨기의 장미화가 되지 말고 굳굳한 '石'이 되기를…" 결혼할 때 꼭 모셔라. Your Sincerly my name is victory cho goo.' —조○구.

*'흐르는 세월은 3년을 보내고 우리를 졸업의 마당으로 이끌었네 마는 우리는 결코 비관하지 말하여야 하네. 오! 사랑하는 친구여! 부디 노력을 계속하여 "어두운 자의 등불이 되라." 이 한 말만 부탁하네. 냇물이 흘러 바다에서 만나듯 우리도 바다에서 다시 만나세. 결코 나를 잊지 말게.' —판사, 변호사가 된 이○영.

*'위험한 바다 위에 등대와 같이 되고 물 없는 사막에 oasis가 되기를

희망한다. 끝으로 君의 희망을 축복하면서.' -교사가 된 김○조.

　*'대가 곧고 푸른 것과 같이 언제나 義를 사랑하고 美를 갖추어라. 적은 文이나마 영원토록 군의 "벗"의 진실한 기원문이란 걸 기억하기 바란다.' -화백이 된 박○일.

　*'이놈아 공부 열심히 해서 장래 훌랑이 되라 이놈아 형님 이놈아, 형님 된 도리로서 말하노라. 이놈아 너가 성공햌래면 니그 누님 나를 줘야 한데이 그리고 나 환갑 때 꼭 오너라. 주소 : 연애언덕 연애고개 연애숲 키스집'. -안○수.

　*'二年前 내가 이 학교를 들어 왔을 때 첫인상에 들었던 君에게 이 글을 쓸수 있음을 심히 榮光으로 생각하네. 앞날에 成功이 있기를 바라며 나를 기억하기 바라네. earn to say before you sing.' -의사가 된 송○영.

　*'계종아, 세월과 生은 너무나도 허무한 것 같구나. 무엇 때문에 아리따운 이성을 버리고 삶을 위하여 몸부림치지 아니하면 아니 되었더란 말이냐. 샛별을 따기 위하여 허다한 눈물과 함께 싸우는 계종아, 나는 너에게 이 말을 하고 싶다. "무엇 때문에 우리들은 슬퍼야만 하는가?"하고. 그러나 너만은 그리고 내가 사랑하는 너만은 人間의 생존경쟁에서 부디 승리하여라. 너만은 나 같은 비열한 인간이 되지 말고 인간을 초월한 아름다운

천사가 되어라. 어두운 새벽의 목탁소리를 들어라. 그럴지마는 성난 파도와 죽음도 생각하여라. 너의 참다운 성공을 바라는 한익이라는 세상을 저주하는 인간이 있었더라는 것을 잊지 마라다오.' -별명 : 그저 슈벨트. 약사가 된 서○익.

*'그대의 영특한 머리 세종대왕에 비하리. 이 나라 영웅, 아니 세계의 영웅이시여! 길이 노오벨이 그대의 손에 들어오리라.' -로○열.

*'이별, 이별, 이별, 이별, 이별, 이별. 아! 슬프다. 君이여!! 부디 훌륭한 사람이 되라.' -별명 알지 않어? 이○렬

나에게 쓰는 편지

사랑하는 계종에게

76년 만에 내가 너에게 직접 편지를 쓰다니 참으로 오래만이다. 그 동안 일기를 써서 네 마음을 달래긴 했지만 편지쓰기는 처음이라 왠지 쑥스럽다.

먼저 칠십을 훨씬 넘어 팔십을 바라보는 오늘날까지 건강하게 열심히 살아온 것 너무 감사하다. 모두가 하나님의 은혜와 은총이라 생각한다. 또한 건강한 몸을 주신 부모님의 사랑에 감사하고 있다.

그동안 너의 인생은 한 말로 이야기해서 너 자신보다는 남을 위해 살아온 것 같다.

타인의 시선을 의식해야했고 타인에 의해 어쩔 수 없이 만들어진 인생을 살았다고 이야기할 수 있다.

때로는 네가 남보다 더 잘났다는 우월의식이 있긴 했지만 대부분이 남과의 치열한 경쟁 속에서 열등감에 시달리며 남몰래 흘린 눈물도 많았음을 난 알고 있다.

하나 오늘날까지 모든 어려운 시험과 힘든 시련과 좌절을 극복하고 용케 살아남아 노년을 즐기며 사는 너에게 한없는 위로와 격려와 축하의 박수를 보낸다.

아버지 어머니의 육남매 중 장남으로, 동생들의 큰 형과 큰 오빠로서, 한 가정의 가장으로, 한 여인의 남편으로, 삼남매의 아버지로, 할아버지로, 치과의원 원장으로, 치의학박사로, 교회의 장로로, 회장, 의장, 고문 등등 그 많은 역할과 의무와 책임 속에서 최선을 다해 살아온 것 잘 알고 있다. 그 중에 제일 힘든 것이 좋은 아버지 되는 것이었다고 고백한 적이 있었지.

어렸을 때부터 '남자는 눈물을 흘려서는 안 된다. 남자는 강해야 한다.'고 귀에 못이 박히도록 듣고 살았지만 그동안 살면서 남몰래 남자의 눈물도 많이 흘렸지. 통곡할 때도 있었지. 죽고 싶었던 적도 한두 번이 아니었지.

그러나 어렵고 힘들고 슬픈 나날만이 아니었지. 기쁨과 환희의 날도 많았지.

처음 유치원에 들어갔을 때, 초등학교 6년 개근상과 우등상을 받았을 때, 서울대학에 합격했을 때, 대학 졸업 후 치과의사가 되었을 때, 군의관이 되어 장교 군복을 입었을 때, 5년의 연애 끝에 결혼했을 때, 첫 아들을 낳았을 때, 치과의원을 개업했을 때, 아들딸 들이 대학에 합격했을 때, 첫 손자가 태어났을 때, 시인등단해서 시인이 되었을 때 등등 수많은 경사 속에 축하의 박수도 많이 받으며 살았지.

이제까지 살고 보니 인생이란 그렇게 기쁜 것도 슬픈 것도 아니라는 것을 깨닫게 되었지. 그래서 네가 너를 인정하고, 이대로의 너를 좋아하고 사랑해야겠다는 생각이 들었지.

계종아, 이만하면 네가 원하고 바라는 대로 잘 살았지 싶다. 곱게 늙었지 싶다.

너를 항상 버티며 참고 견디게 했던 것은 사랑이었다는 것을 다시 한 번 생각하며 남은 생을 더욱 더 사랑하며 살자꾸나. 하루하루가 기적이요 감사다.

웃고 싶으면 마음껏 웃고 울고 싶으면 마음껏 울고 살자꾸나.

그리고 항상 감사하며 건강하게 살기를 빌면서… 안녕!

2017년 11월 어느 멋진 날에

나를 사랑하자

"너 자신을 알라." 희랍의 대철학자 '소크라테스'가 얘기했었지만 미약하고 보잘것없는 나는 감히 "너 자신을 먼저 사랑하라"라고 얘기하고 싶다. 자기 자신을 사랑하지 않는 사람이 누가 있겠는가? 라고 반문하겠지만 내 주위에서 난 너무도 자기 자신을 학대하는 사람들을 많이 보아왔다. 물론 자학함으로써 쾌감을 느끼는 '마조히즘'도 있긴 하겠지만 건전한 인간이라면 어이하여 자기 자신을 학대할 수 있을까? 자신이 병들었고 자신이 병신이라고, 자포자기 속에 자기를 증오하고, 실연을 했다고 해서 술과 담배로 자신을 괴롭히고, 사업에 실패했다고 해서 자살을 기도하는 등, 자기 뜻대로 되지 않는다고, 자기의 바라던 꿈이 좌절되었다고 자기 자신을 학대하고 있는 많은 사람들을 본다.

무한한 곤경과 불우한 처지 속의 자기를 저주하고 학대하는 것처럼 더 불행하고 더 불우한 것이 또 있을까? 어쩔 수 없는 처지와 상황 속에서 자기 자신을 인정하고 그지없이 사랑하고 동정하여 그러한 역경을 이겨 나갈 수 있는 힘과 용기를 주는 사람은 다른 어떤 사람이 아니라 바로 자기 자신인 것이다. 이 세상에서 자기처럼 불행하고 불우한 인간이 없으리라는 생각을 하는 것도 자기 마음이요, 이 세상에 자기 이외에는 없다는 안하무인 격의 자만과 희열을 느끼는 것도 자기 자신인 것이다.

이런 이야기가 있다. 감옥의 두 죄수가 같은 감방의 똑같은 창문을 통해 밖을 내다보고 있다. 한 사람은 창공에 빛나고 있는 별을 바라보며 내가 여기서 나가면 저 아름다운 별처럼 착하고 행복하게 살겠다는 희망을 마음속에 간직하였다. 다른 한 사람은 진흙 땅바닥을 쳐다보며, 엉망으로 뒤엉켜버린 진흙처럼 질펀한 자신의 인생을 한탄하고 저주하고 있었다는 것이다. 어느 죄수가 더 바람직한 눈을 가졌을까.

결손치아가 많은 보철치료환자를 많이 다루는 나는 많은 합죽이 청년들을 보아 왔다. 젊은 그들이 어떻게 잘못되어 이가 하나 없는 합죽이 청년이 되었을까? 하는 문제보다도, 합죽이가 된 청년이 어떻게 치과의사가 만들어주는 총 의치를 끼고 거기에 만족하고 적응을 하며 밝은 미소와 젊음을 잃지 않게 할 수 있을까 하는 문제가 나에게는 더 흥미를 불러일으킨다.

　의사가 환자의 병을 다 고쳐준다는 것은 거짓말이다. 의사는 환자가 병이 나을 수 있게 도와 줄 뿐이다. 나머지는 환자자신에게 달려있는 것이다. 환자의 협조 없이는, 자기 자신의 숙명과 처지를 인정하고 사랑할 줄 아는 진지한 자세와 욕구 없이는 모든 의술은 무의미하게 되리라 생각한다. 의술을 베푸는 사람이나 의술의 혜택을 받는 사람들 사이에 우열의 의식과 열등의식을 느껴서는 안 되리라 생각한다. 자기가 배운 지식과 닦은 학문과 의술을 통하여 고통속의 환자에게 인술을 베푸는 대신 환자로부터 고통과 삶과 인간의 발가벗은 순수한 정을 배워야한다. 이렇게 베푸는 자와 받는 자 사이에 따뜻한 정과 고마움과 신뢰와 애정이 흐를 때 우린 우리자신을 찾게 되고 의욕에 찬 희망과 행복의 내일을 기약할 수 있으리라 생각한다.

　무슨 일이나 먼저 남의 입장에 서보는 태도는, 오직 내가 나의 삶과 생명과 인격을 존중하고 사랑 할 줄 아는 가장 기본적인 애정의 자세로부터 출발하는 것이다. 자기 자신을 사랑할 줄 모르는 사람은 남을 사랑할 수도 없는 것이다. 자기를 증오하고 학대하는 사람이 어이하여 타인의 생명과 인생을 위하고 사랑할 수 있을 것인가. 자기를 긍휼이 여기고 자기를 용서하고 자기를 참으로 아끼고 자기의 삶과 인권과 인격을 존중할 줄 아는 사람은 또 하나의 나인 남을 아끼고 사랑하고 남의 삶과 인권을 존중하게 될 것이다.

주어진 자의 운명과 영육이 어떤 것이든 자기의 운명과 영육을 아끼고 사랑하며 밝은 세계 더 보람된 희망의 찬란한 별을 바라보며 사는 사람만이 자기 자신의 훌륭한 인생은 물론이고 나아가서 남을 위해 고귀한 자신을 희생하고 봉사할 수 있는 능력과 인격을 소유할 수 있다고 확신하는 바이다. 자기애(自己愛)와 자존감(自存感)을 물론 혼동해서는 안 된다. 자기 자신을 잘못 사랑하는 것처럼 또한 불행한 것은 없으리라. 자기 자신의 안일과 행운만을 위해 남은 어떻게 되어도 좋다는 생각은, 자기가 자신을 학대하고 있는 것이지 자신을 위하고 참으로 사랑하는 것이 아니라고 생각한다.

시원한 눈매, 반듯하게 잘생긴 코에다 앵두 같은 고운 입, 멋지고 날씬한 몸매나 씩씩하고 건강한 자기 자신이 비록 아닐지라도 이 세상에 둘도 없는 자기 자신을 열심히 사랑하고 자신을 아끼고 감사하자. 자기 자신을 존중하고 긍휼히 여기며 사랑할 줄 아는 마음을 기르자. 자기를 따뜻하게 용서하고 감싸줄 줄 아는 사람들이 모여서 또 하나의 자기들을 용서하고 사랑하게 될 때 우리의 사회는 그지없이 건전하고 건강한 사랑의 물결이 충만하게 되고 더 밝은 내일에의 발전과 행복을 기약할 수가 있을 것이다.

어쩌면 이렇게 얘기하는 나 자신도 내가 나를 사랑할 줄 모르는 사람이기에 이렇게 얘기하면서 안간힘 하는지도 모를 일이다.
"내가 너희를 사랑한 것과 같이 너희도 서로 사랑하라." 예수님의 말씀이다.

삼모작

우리나라는 36년 동안의 일제강점기를 지나 1945년 해방의 기쁨 속에 자유를 얻었지만 먹고 사는 문제는 언제나 힘이 들었다. 우리나라 1950년 6.25전쟁 후에 쌀이 없어 배고픈 국민들, 보리고개를 힘들게 넘겼던 그 시절, 나라에서 사온 것인지, 전쟁원조물자인지는 잘 모르겠으나 알랑미(인도차이나반도의 안남지방에서 생산하는 쌀, 안남미)라고 길쭉하고, 찰지지 않고, 버석거리는 배급 쌀로 밥을 지어 먹었다. 그것도 감지덕지 물을 많이 넣고 허연 물 같은 죽을 쑤어 허기를 달랬다. 적은 농토에 그것도 일모작이면 끝이어서 또 일 년을 기다려야 했는데, 이 알랑미를 생산하는 그 나라는 사시사철 여름철이라 벼농사를 일 년에 2~3모작을 거둔다고 했다. 그때 부러워했던 삼모작이라는 말, 그 말을 정말 오랜만에 들었다. 그것은 나를 두고 한말인 것 같아 조금은 민망하다.

얼마 전에 중고등학교 동기동창회에서 친구들에게 내 첫 시집 『혼자 먹는 식탁』을 나누어 주었다. '김 박사님, 축하드립니다. 드디어 삼모작 하셨군요.' 어리둥절했다.

'치과의사 치의학박사, 치과의사합창단원(덴탈코러스), 시인, 이게 김 박사님의 인생 삼모작 아니고 뭐예요? 대단하십니다.'

친구의 아내이자 내 오랫동안 단골환자인 그녀는 이렇게 나를 축하했다.

전화를 끊고서 한참을 멍하니 있다가 생각에 잠겼다. 한 번도 그런 생각을 해본 적이 없이 나름대로 앞만 쳐다보고 열심히 산다고 살았는데 돌아보니, 인생 삼모작을 거둔 것인지 긴가민가하다.

일모작이라고 생각되는 것은 아마도 치과의사가 된 일이 아닌가 생각된다.

어린 시절 장래 희망은 아프리카의 성자 알버트 슈바이처 박사와 같은 훌륭한 의사가 되어 가난하고 병약한 사람들을 위해서 무료진료봉사로 헌신하는 것이었다.

꿈도 야무지지! 그래서 초등학교 시절부터 과학시간에서 배운 개구리 생체해부를 한다고, 개구리를 잡아 나무판대기에 사지를 못 박아 학습용 메스로 살아있는 개구리 배를 갈라 펄떡이는 그 조그마한 심장, 창자를 들여다보고 신기해하면서 관찰하곤 했다. 지금 생각하니 죄 없는 개구리 수십 마리만 죽인 것 같아 미안하고 후회스럽다. 그래서일까 고등학교 시절 염상섭의 〈표본실의 청개구리〉를 읽을 때 옛날 개구리 해부하던 일이 떠오르기도 했다.

　간호사였던 어머니의 바람과 꿈도 영향을 받았던 것 같지만, 여하튼 의사가 되고 싶은 꿈 이외는 다른 생각을 하지 못했다.

　고등학교 3학년 대학진학을 할 무렵, 지방 명문학교인 우리학교 교장선생님이 마침 미국시찰을 다녀와서 고3학생 전원을 강당에 모이게 하시고 대학진학에 대한 좋은 조언의 말씀을 해주었다. 미국에 가서 살펴보니 우리나라에서는 아직 미개척분야인 천문기상학과, 동물병원 의사가 되는 수의과학, 미국에선 의사 중에 의사가 치과의사라며 우리나라에는 아직 발전하지 못한 치의학과 등등이 인기 있고 유망한 학문과 직업이라고 하시면서 소개와 조언의 말씀을 해주었다. 아울러 우리나라 학생들이 선호하는 법대도, 힘겹게 들어가서 사법, 행정 고등고시 합격 못하면 몇 년씩 그 좋은 머리로 고시 공부 하느라고 황금 같은 젊은 시절을 낭비하고 있는 경향이 있고, 그 어려운 의대도 힘겹게 겨우 들어간다 해도 6년 동안 남 뒤 따라 가느라고 허둥대지 말고, 같은 노력으로 미개척분야를 전공하면 더 좋은 결과를 가져오지 않겠냐고 말씀해주었다. "꼬리 되지 말고 머리 되어라"라는 말씀도 해주었다. 나는 감동을 받고 아버지께 교장선생님의 말씀을 그대로 전했다.

　진로를 앞둔 어느 날 교장선생님, 담임선생님, 아버님, 그리고 나 네 사람이 상의하고 숙고해서 결국 우리나라 최고 명문 서울대학 치과대학 예과인, 문리과대학 치의예과에 원서를 내고 지원하게 되었다. "나중에 내 충고를 받아들이기 잘했다고 얘기할 거다." 라고도 하시면서 그 당시 교장선생님께서 말씀을 덧붙이었다. 5.2대 1이라는 경쟁률을 뚫고 치의예과에 당당히 합격해서 치과의사의 길을 가게 된 것이다. 그때 입학성적도 좋아 서울의대에 지원했어도 충분히 합격할 수 있었다고 기억하고 있다. 지금도 그 선택은 참 잘한 현명한 선택이었다고 생각하고 있다. 어려운 시절 6년 동안 힘들게 공부한 치과의사의 길은 내 천직이 되어 50여 년간 치과개원의로서, 슈바이처 박사처럼 훌륭한 의사는 턱도(?) 없었지만 한국 치의학의 발전에 일조를 한 평범한 치과의사로 열심히 살아왔음을 자랑스럽게 생각하고 있다. 72세의 나이에 은퇴하고 보니, 무엇보다도 먼저 나를 믿고 찾아주었던 수많은 환자에게 미안한 마음과 더불어 감사의 마음을 전하고 싶다. 또한 그때 교장선생님의 조언의 말씀도, 앞을 내다보는 선견지명의 말씀도 감사드린다. 선택의 기로에서 도움을 주시는 선생님들의 귀한 조언말씀과 칭찬의 말씀은 한 사람의 인생을 바꾸어 놓는 결정적인 계기가 되는 것이다.

이모작이라고 할 수 있는 것은 치과의사와 그 가족들로 구성된 덴탈코러스(치과의사합창단) 단원으로, 세컨베이스(B2) 파트를 맡아 아름다운 합창생활을 한 일이다. 아내의 도움이 없었으면 25년

간의 덴탈코러스 활동은 어려웠을 거라고 생각된다. 아내는 원래 노래를 잘하고 좋아해서 음대 성악과를 가려했으나 부모님들의 강력한 반대로 꿈을 포기했다. 아내의 합창경력은 YWCA 주부합창단, 서울강남구 구립주부합창단, 덴탈코러스 등 25년여의 세월동안 열심히 합창활동을 했다. 1989년 덴탈코러스 창립 당시 나는 서울시치과의사회 예술 문화 담당 부회장으로, 합창단 창단 준비 위원장으로서 큰 역할을 해냈다.

 덴탈코러스(Dental Chorus)는 창단 전 해인 1989년 아세아태평양치과연맹회의 및 국제종합학술대회 개막식(당시 김영삼 대통령께서 참석 축사까지 했다)에서 개막축하연주로 그 실력을 나타내기 시작했다. 개막식에 참석하여 그 연주를 들은 아세아태평양치과연맹회원들은 세계에서 유일무이한 치과의사와 그 가족으로 이루어진 한국의 덴탈코러스의 아름다운 연주에 뜨거운 찬사와 박수로 격려해 주었다.

 1990년 국립극장에서 창립기념공연을 시작으로 세종문화회관, 예술의전당 콘서트홀, 국립극장, KBS홀, 리틀엔젤스회관, 성남아트센터 등 국내의 유수한 공연장에서 매년 성황리에 정기공연을 가졌다. 그리고 정기공연 외에 KBS-TV 인기프로인 열린음악회 2회 출연을 비롯하여 수많은 국내공연과 하와이, 오스트리아, 말타, 이태리, 노르웨이 등에서 초청 해외공연을 절찬리에 가진 바 있다. 뿐만 아니라 덴탈코러스는 '우리' 만이 아닌 '이웃사랑'을 실천하고자 노력하면서 정기공연과 함께한 나환자 돕기, 뇌병변 장애인 돕기, 불우장애인 보장구 마련 돕기, 말아톤 복지재단 돕기 등등의 행사로 보람 있는 결실들을 맺어왔다. 특별히 2006년 6월 14일 세종문화회관에서 열린 명사와 장애인이 함께하는 사랑의 음악회에 덴탈코러스가 같이 참석해서 뜻 깊은 연주를 했다. 그때 이명박 서울시장이 상주보육원 합주단과 함께 핸드 벨과 인도네시아 전통악기 밤 벨 합주를 들려주어 이 음악회의 의미를 더욱 빛내주었던 기억도 새롭다. 이는 20대에서 60대에 이르기까지 한 세대를 넘는 나이 차이에도 불구하고 선·후배간의 깊은 이해와 끈끈한 우정으로 맺어진 사랑의 결과였다. 나는 아내와 치과의사인 둘째아들(연대치대 복사중창단 출신)과 2대에 걸친 덴탈코러스 단원으로서 세 사람이 많은 사람들의 부러움을 샀다. 나는 이 합창을 통해 각자가 자기 소리를 내기에 앞서 다른 사람의 소리의 색깔과 강약을 먼저 경청해야만 비로소 아름다운 하모니를 빚어낼 수 있다는 것을 깨닫고 인생의 큰 지혜를 얻었다.

  삼모작은 시인이 되어 글 쓰는 사람이 되었다는 것이라고 생각한다. 치과의사를 천직으로 알고 50여 년 동안 오로지 치과의사의 삶을 살다가 은퇴하고 나서 많이 우울하고 외로웠다. 내 인생이 다 끝난 것 같은 절망감과 모든 사람들로부터 떨어져 나온 것 같은 소외감 속에 한동안 우울증에 시달렸다. 앞으로의 노후생활을 어떻게 살아야할지 막막했다.

그때 문득 한 가지 근사한 생각이 떠올랐다. 그렇다. 책을 읽자. 책속에 인생의 답이 있다. 다행이 우리 아파트단지 바로 앞에 중앙도서관이 있어 백수인 나는 매일 출근하여 책을 읽기 시작했다. 원래 책읽기를 좋아하는 나였다. 특히 치대 진학 후 또 다시 읽은 염상섭의 〈표본실의 청개구리〉는 내가 어렸을 때 해부했던 그 개구리들의 펄떡이었던 심장이 나를 의사의 길로 더욱 달리게 한 원동력이 되지 않았나 싶기도 했다. 개업의로 살다보니 핑계가 되겠지만 책을 차분하게 읽을 시간과 여유가 없었다. 그동안 보고 싶었던 대하소설부터 읽기 시작하면서 다른 수많은 사람들의 삶과 생각과 철학을 알고 깨닫기 시작했다. 도서관에는 동서고금 훌륭한 작가들이 나와 대화하기를 항상 기다리고 있었다. 어느덧 도서관은 내 서재가 되었다. 그러던 중에 도서관내 사업 중, 웃음치료프로그램 시간을 통해 우울증을 이겨낼 수 있었고, 수리샘문학회를 만나 글을 읽고 쓰고 합평하는, 꿈꾸던 문학공부를 시작할 수 있었다. 정답을 꼭 요구하는 이과의 세계와는 다른, 정답이 없는 무한한 상상의 세계 속에서 자유로워지는 문학의 세계는 나에게는 새로운 세계, 신천지였으며 나를 재발견하는 행복한 순간들이었다. 많은 어려움과 시련을 이겨내며 재미있게 문학공부를 열심히 해서 3년 만에 모 문학잡지에 신인문학상을 수상함으로써 시인으로 등단했고, 같은 해에 수필전문 계간지에 신인문학상을 수상 수필가로도 등단

해서 어릴 적 꿈이었던 시인이 되었고 수필가가 되어서 문학공부 5년 만인 내 나이 77세에 시집 『혼자 먹는 식탁』을 출판하는 소망을 이루었다.

우리의 인생을 농사에 비유하여 일모작, 이모작, 삼모작을 수확하는 농부라 생각하니 팔십이 다 된 늙은 농부의 농사가 시원치 않다는 생각이 든다. 많은 모작을 통해 양적인 수확도 중요하지만 한 모작이라도 질적으로 알찬 열매를 거두는 것이 인생이라는 이름의 농사가 풍성한 열매를 거두지 않겠나 싶기도 하다.

친구의 아내 심 여사의 말대로, 내가 내 자랑인 것 같아 많이 부끄럽지만 인생 삼모작을 거두었다 치자. 이제 얼마의 시간이 남아있는지는 모르겠으나 남은 여생 또한 열심히 씨를 뿌리고 가꾸어서, 인생 4모작, 5모작을 통해 튼실한 열매를 풍성하게 거둘 수 있는 선량한 농부이고 싶다.

2018년 해가 다하는 어느 겨울날

세실리아에게

편지 1

활짝 개인 날은 / 네 생각에 젖는다 / 흐린 날은 흐리다하여 / 네 생각에 젖는다 / 끊임없이 이 마음의 창은 / 널 향하여 / 열리어 있다.

1966. 7. 15. 세실리아의 생일 축하 엽서 Bell로부터

편지 2

인간은 역시 너를 통한 나, 나를 통한 너의 의미 속에 살고 있는지도 모르죠. 궤변이라고 단정하기엔 너무나 진정(眞情)이 그리운 시대입니다.

1966. 8. 11. Bell

편지3

'참'을 추구해 가는 길은 쉽고 무난한 길이라고 생각지는 않습니다. 무한한 노력과 끝없는 오뇌를 요구하겠지요.

길고도 험한 여로를 따라 흘러나오는 산골짜기의 샘물은 참으로 더없이 맑고 깨끗하겠지요? 그러나 그 한 방울 한 방울 기다리는 사람에겐 더없는 갈증을 초래할 겁니다. 샘물은 모를 겁니다. 갈증자의 무한한 오뇌를…

아름다움이란 누구나 느낄 수 있고 발견할 수 있는 것은 아니리라 믿습니다.

겉과 내면이 조화되어 거기서 풍겨 나오는 인품(人品)의 총화를 아름다움이라고 믿고 싶군요.

생활과 일에 보람을 느끼는 한 우리의 젊음이 지향하고 있는 바람은 싱싱하고 훌륭한 것이겠지요.

요즈음은 일과 후에 일절 밖에 나가지 않고 숙소에 틀어박혀 책을 읽고 있습니다. 그러나 바닷가에 나가지 않고는 어쩔 수 없는 충동이 있기 때문에 얼마 안 있으면 수평선 멀리의 구름조각들을 모아보는 어설픔을 되풀이 할 겁니다.

본래 그것이 옳다거나 진(眞)을 향해 가는 길이라고 생각하면 무한한 집착력을 사물에 가지는 성격을 소유하고 있어 현실에 있어서는 손해 보는 일이 더 많기도 합니다. 허나 타인의 시선에 살기 싫은 마음입니다. 왜냐하면 그들은 그들대로의 삶이 있고 개성이 있기 때문입니다.

　현실이 권태롭고 괴로운 것이라 하더라도 울퉁불퉁한 돌에서 아름다운 형상을 조각해내는 조각가처럼 혼돈과 외로운 현실을 직시하고 그 속에서 아름다운 삶을 창조할 수 있는 우리가 되도록 서로 노력합시다.

1966. 8. 26. Bell

편지4

　앞으로 꼭 어떤 의미의 약속을 하자는 것도 아니요 어떤 의미의 구속을 뜻하는 것도 아닐진대 주저하고 경계하며 우물쭈물 한다는 것은 참으로 여린 마음이라고 비난하고 싶기도 하다. 어떤 개인이 잘나고 똑똑하고 자존심이 강한 만큼 또 어떤 사람도 그에 못지않게 잘나고 똑똑하고 강한 프라이드(pride)가 있는 법이다.

　그 사람 자체가 자기의 개성과 성품에 어울릴 수 없다면 아예 딱 잘라 말할 수도 있겠고 더 나아가서 충고와 조언을 해 줄 수도 있겠다. 왜냐하면 내 자신이 완전하지 못하기에 남의 불완전을 서로 도와가며 완전을 향해 끝없이 지향하는 것이 인간의 참다운 모습이기 때문이다. 인간사는 때론 깊이 사색해 보기도 해야 하지만 때론 결단력 있는 행동과 용기도 필요하다고 본다. 무서운 집착력을 가지고 무한히 참고 견디는 사람들을 나는 본다. 그들의 어리석음을 껄껄거리며 웃기 전에 그만큼 견디기에 그 사람이 쌓아올린 분노와 고뇌를 같이 괴로워 해줘야 할 것 같다. 내 눈으로 보았고 내 자신이 인식한 그리고 내가 발견한 아름다움들이 하나 둘 무너지는 것을 의식하면서 내가 내 자신에게 실망을 주지 않고 내 자신을 속이기 싫어 이렇게 어설픈 독백으로 오늘도 허허한 하루해를 넘겨보고 있다. so long!

어리석은 마음이 또한 어리석은 마음에게.

1966. 9. 12. Bell

편지5

세상엔 수많은 사람이 있다. 그 많은 사람들 가운데 어느 너와 내가 만난다는 사실은 참으로 어처구니없이 극히 조그마한 일이요 보잘것없는 것인지도 모른다. 그러나 거기에 새겨진 하나하나의 의미는 이 우주를 지배할 수 있을 만큼 위대한지도 모른다. 허허 웃을 만한 생도 아니고 또한 눈물을 뚝뚝 흘릴 만큼 순진하지도 않기에 오직 그칠 생에의 의욕과 멈출 수 없는 끈기와 서서히 퍼져 나오는 분노와 반항으로 들어주는 사람 없는 외침만을 부르짖고 있다. 그 부르짖음은 네가 듣는 것도 아니고 또 다른 사람이 듣는 것도 아니다. 그 외침은 나를 제외한 온 사물 속에 투시되었다 나에게 되돌아오는 메아리일 뿐이다.

내가 너를 좋아했다고 해서 태양은 변하는 것이 아니고 네가 나에게 외면했다고 해서 강물은 멈추는 것이 아니다. 내가 너를 좋아하고 네가 나를 좋아한다고 해도 태양이나 강물은 여전한 것이고 우리가 돌아가 버린 이 지구위에도 항상 변함이 없는 것이다. 그렇다면 이 보잘것없는 너와 내가 이 조그만 우열을 가지고 반 푼어치도 안 되는 자존심을 가지고 있는 벽의 이편과 저편에 서 있어야 된다는 말인가? 인간은 원래 모순덩어리라지만 만일에 어느 인간 감정 때문에 아니 속물적인 근성이 너에게 개재되어 이제까지를 지배해 왔다면 너 아닌 나를 붙들고 통곡하는 수밖에는 없구나. 나라는 사람이 어떻게 비추이건 그건 개의치 않는다. 적어도 참하고 아름답게 살고 싶었고 무엇인가를 위해 죽을 수 있는 내가 되고 싶었다. 이 지리멸렬한 사회에서 교육을 받았다면 예의라는 것은 모른다 하더라도 불같은 정열이나 알아보도록 하여라.

인생은 네가 생각하는 것만큼 아름답지도 그리고 두려워하고 주저할 만큼 무섭지도 않은 것이다. 네가 어느 못난 사내의 설교(?)를 받게 된 것은 네가 초래한 일이요 너의 그 훌륭한 자의식 덕분이다.

"편지 쓰는 것은 자유예요."라고 내뱉은 너의 말을 몇 십번 되씹어 보았다. 그렇다. 그 자유! 네가 말한 그 자유를 나는 한껏 맛보고 있는 거다. 너에게서 맛볼 수 있는 것은 그 자유뿐일 것 같기에, 언젠가 한번 빵집에 들어가자는 내 권유를 넌 매몰차게 뿌리쳤다. 마치 빵집 같은 데는 들어가지도 않는다는 그런 태도를 난 읽었다. 그렇다. 난 가난한 아버지의 아들이다. 그래서 돈이 없어 너와 데이트에도 좋은 음식을 사줄 수 없었다. 도대체 그것이 어쨌다는 말이냐? 언젠가 돈 많고 부유하고 훌륭한 사람과 장래를 약속하는 네가 되겠지. 그때 나라는 존재와 나와의 6번의 데이트는 잊어버릴 수도 있겠지. 그것보다도 부질없는 이런 일들이 혹시나 깨끗한 너에게 조그만 티나 흠이 될까 두려워하는지도 모르지.

어쩌다 잘못 만나 멀어지는 두 개의 직선, 그게 너와 나의 직선인 것 같다. 앞으로 많은 선과 만나겠지. 나는 멀어져 가는 선을 되도록 가깝게 해보려고 노력도 했다. 설상 합쳐지지 않는 선이라 하더라도 나란히는 가고 싶었다. 그리하여 먼 훗날 어느 골목길에서나 우연히 만나면 가슴 아릿하게 피어오르는 기쁨 같은 것만으로도 만족하고픈 따스한 생도 몽상해 보았다. 나는 참 많이 찾았었다. 너를 만난 후 난 찾을 사람을 찾지 않았나 하는 생각도 해보았다. 역시 또 방황해야겠지. 언젠가 넓게 펼쳐진 초원 어디 지점에선가 나의 외로운 방황도 끝이 나겠지. 이제까지 혼자 떠들다 혼자 시들해진 나를 비웃는 너를 보고 싶다마는 우리에겐 다 길이 있고 이 공간적 장벽 때문에 할 수 없으나 상상은 할 수 있구나. 너에게 과격한 말이나 어처구니없는 오해가 없지도 않겠지만 모두 너 특유의 침묵 속에 덮어 두겠지.

너를 향해 내뱉는 분노가 너를 괴롭게 하는 것이 아니고 이렇게 메아리 되어 나를 괴롭히고 있는 것이다. 언제나 어느 하늘 아래서나 행복과 행운을 빌겠다.

1966. 9. 21. 부산에서 Bell

편지6

때론 사람은 자기가 살고 있다는 것을 강하게 느껴보고 싶은 때가 있는 법입니다. 자기를 꼬집어 가며 외로움 속에 잃어버린 자아의 다만 한 조각이라도 어떤 영상 속에서 발견하였을 때, 그리하여 무한히 아끼고 싶은 충동 속에서 희열과 실망을 맛보는 성숙된 순간은 어쩌면 젊은 우리들에게 있어 행복 된 시간인지도 모릅니다.

15분간의 만남을 위해 많은 기다림과 노력이 요구되었습니다. 그러나 밝고 환한 당신의 미소가 있었기에 저의 마음은 퍽 즐거울 수 있었습니다.

그때 분명히 우린 웃고 있었습니다. 말없는 침묵이 흐르고 있었지만 눈동자 속에 흐르는 무수한 대화가 서로의 가슴을 포근하게 흐르는 무수한 대화가 서로의 가슴을 포근하게 용해되고 있음을 느꼈습니다. 무언가 말을 하고 싶었지만 말할 필요가 없었습니다.

1966. 12. 14 부산에서 Bell

편지7

겨울바다에 가보았지 / 미지의 새 / 보고 싶던 새들은 죽고 없었네 // 그대 생각을 했건 만도 / 매운 해풍에 / 그 진실마저 눈물져 얼어버리고 // 허무의 불 물 이랑 위에 / 불붙어 있었네 // 나를 가르치는 건 / 언제나 시간 / 끄덕이며 끄덕이며 겨울 바다에 섰었네 // 남은 날은 적지만 / 기도를 끝낸 다음 더욱 뜨거운 / 기도의

문이 열리는 / 그런 영혼을 갖게 하소서 // 겨울 바다에 가보았지 / 인고(忍苦)의 물이 / 수심(水深) 속에 기둥을 이루고 있었다. -김남조 보고 싶다.

1967. 11. 20. 부산에서 Bell

편지8

물새도 가버린 겨울바다에 / 옛 모습 그리면서 홀로 왔어라 / 그 날에 진실마저 털어버리고 / 굳어진 얼굴위에 꿈은 사라져가고 / 떠날 수 없는 겨울바다여 / 바람은 차갑게 몰아쳐 와도 / 추억은 내 가슴에 불을 피우네. - 박인희의 〈겨울바다〉

Bell

편지9

사람이 구하고 찾는 것은 가까운데 그들의 주변에 있으리라는 생각이 분명한 사실 같이 느껴집니다.

보람을 찾을 수만 있다면 지금도 뜨겁게 타올라 터질 수 있는 가슴이건만 조용히 세월이라는 배심원의 뜻을 좇기로 했습니다. 언젠가 세월은 나에게 참 뜻을 가르쳐 줄 것이고 언젠가는 그 부르지 못한 노래를 부르게 되겠죠. 사람들은 저마다 꿈을 좇고 무엇인가를 위해 몸부림치다가 돌아들 갈 테지만 저마다 다 외롭고 서글픈 존재들입니다. 그들 속에 엄연히 살고 있는 나를 그들에게 주어버리고 싶은 어설픈 욕망들을 그들은 알지 못하고 있는 현실이 웃을 때가 있긴 합니다.

1968. Bell

편지 10

모든 꽃은 과일이 될 것을 / 모든 아침은 밤이 될 것을 원한다. / 영원이란 지상에는 없다. // 변화와 도피 밖에는 // 찬란한 여름조차도 / 가을과 조락(凋落)을 느끼기를 원한다. / 가거라 이파리여, 고요히! / 바람이 너를 데려가려고 하면. // 너의 놀이를 하고 반항하지 말아라. / 조용히 일어나도록 내버려 두어라 / 너를 꺾는 바람이 / 너를 집에 불어 가도록. -헤르만 헤세

1969. 9월 우울한 날에. 세실리아에게 B

편지 11

하얀 여백이 두렵다. 그것은 불안 같은 것이다. 이 여백 위에 쓰여질 하나의 진실이 두려운지도 모른다. 그러나 써야겠다. 너를 위해서, 아니면 나를 위해서도. 제목은 없었는지도 모른다. 너와 나 사이엔. 그 제목을 찾아보고 싶었었다. 너에게 향했던 나의 감정의 조각들을 주워 모아 제목을 부쳐보고 싶었었다. 그러나 결국은 실패였다는 것을 알았다. 그러기엔 많은 시간이 필요했었다. 그동안 숱한 바람이 불었고 적잖은 비가 내렸었다. 그동안 너도 너

대로의 생활을 했을 테고 조그만 기쁨들도 있었겠지. 장벽이 있었다. 내 힘으로는 무너트릴 수 없는 높은 장벽이 있었다. 너와 나 사이에. 그것은 인간으로서는 불가항력인 것이다. 신은 그것을 즐기고 있었다. 그리고 만족해 했던 것이다. 나의 어처구니없는 안간힘을. 너와 나의 만남은 뭔가 잘못되어 있었다. 그걸 몰랐다. 인간인 나는. 모든 인간은 거의 나와 비슷하다고 느꼈다. 그러나 그렇지도 않다는 것을 알았다. 너를 탓하고 싶은 마음은 없다. 그리고 지난 일을 들추고 싶은 마음도 없다. 단지 내가 원하고 바라는 것은 웃으면서 헤어지자는 것뿐이다. 처음이 있으면 끝이 있어야 했기에. 나대로의 종장(終章)을 쓰고 싶었다. 이것도 신에 대한 작은 반항일런지도 모른다. 난 무한히 도전하고 싶은 것이다. 약한 의지의 인간이라는 기치를 들고 신에게. 이러한 것은 너와 무관할런지 모른다. 그러나 들어는 두어야 한다. 너도 인간이라는 점에서. 네가 나에게 보낸 단 2장의 편지 되돌려 보낸다. 인생길에서의 미아(迷兒)는 다시 집을 찾아올 수 없을 것 같기에. 안녕! 행복을 빈다. 이렇게 해서 너와 나는 끝을 시작했다.

1967. 4. 7. 웃으면서. 세실리아에게 Bell 書

편지 12

빨간 스웨터는 완성되었으리라. 친구들과 착복식은 했을 테고 산비둘기처럼 다정했던 경자 씨는 떠나셨는지? 여기 바닷가 근처에도 봄이 밀렸건만 마음의 봄은 어디쯤일까? 4월을 기대했건만 역시 계절의 여왕 5월이 좋겠다. 다정한 넌 아니지만 믿을 수 있다. 만날 때마다 못 다한 말 언젠가 폭발하리라. 그날 우린 붉은 포도주로 입술을 축이자.

1968. 4. 26. 바닷가에서 세실리아에게 Bell

편지 13

텅 빈 숙소 퇴근에 밀려드는 허탈감과 외로움 정착할 곳이 없다. 발 없는 사람, 팔 없는 사람, 눈이 없는 맹인, 화상 입은 몰골, 소리 없는 아우성, 군병원 속에서 나도 환자가 되어가고 있는 것일까? 겨울이 갔을 만도 한데 아직 춥다. 따스함이 그립다. 철저히 체념하고 철저히 절망한 후에 제로지점 거기서부터 출발해보고 싶다. 널 산산이 부셔놓고 싶을 때가 있다. 난 지금 껄껄 웃고 있다. 미치도록, 미치도록 찡하게 가슴속을 치는 서러움 때문이다. 그리운 이여! 그러면 안녕! 따위의 시구(詩句)를 인용하지 않고서라도 안녕을 빌어본다.

1968. 2. 15. 세실리아에게 Bell

편지 14

원(遠)을 그리는 마음 위에 영(永)을 찾고 싶었다. 세월은 흐르고 망각의 이름은 옛날이야기만을 낳을 것인지? 따스한 곳이 그다지 그리웠던 사내는 눈 속에 파묻혀 쓰러진다. 꿈, 꿈은 언제나 서럽다. 안녕을 띄워본다. 그저 그렇고 그런 거리에서.

1968. 1. 18. To Caecilia From Bell

편지15

진실한 사랑은 인격을 높이고, 그 마음을 살찌게 하고, 또 그 생활을 정화한다. -아미엘

1970. 11. 10. 세실리아에게 Bell

편지16

믿음에는 대가가 없습니다. 믿음은 의지하는 것이 아니라 창조하는 것입니다. 우리는 후히 사랑을 베푸는 것이라고 말하지만 사랑은 주는 것도 받는 것도 아닌 자기 소신의 행동입니다.

1971. 1. 12. 세실리아에게 Bell

편지17

의지와 인내로 뭉쳐진 선인장, 분노를 가시로 품고 언제나 기다리는 인내의 검푸른 응어리! 선인장을 키우는 당신의 마음 이해가 갑니다. 당신은 항상 나의 꿈이고 나의 꿈을 이뤄줄 수 있는 현명하고 어진 귀엽고 사랑스런 나의 아내임을 언제나 명심해 주시오.

1971. 5. 13. 경북 봉화에서 Bell

편지18

〈방랑〉 슬퍼하지 말라. 머지않아 밤이다. 그러면 우리는 창백한 들판 너머 싸늘한 달님이 미소 짓는데 손과 손을 마주잡고 휴식하리니 우리의 십자가가 환한 길섶에 나란히 서 있어 그 위에 비오고 눈이 내리리라. 그리고 바람이 불어오고 가리라. -헤르만 헤세

1970. 9. 29. 세실리아에게 Bell

편지19

〈백합화(白合花)〉 어쩌면 소리 없는 아우성이었으며 어쩌면 소리 없는 집념(執念)이었으리라. 뇌리를 스쳐가는 걷잡을 수 없는 환영(幻影)인가? 먼 듯 가까운 듯 우주 끝 간 데 없는 허허 벌판 위의 꽃 한 송이 봄풀 돋는 언덕위의 칠색무지개를 잡던 강나루 풀밭의 자연처럼 인생은 고요롭지 않아 고요와 순결을 보듬은 채 억수로 가리워진 마음 한결같은 백합화여! 그대 청초함이랑 그대 온화함이랑 모든 성실이 주절이 열린 동구(洞口) 밖 유실목(有實木) 위로 후조(候鳥)가 나른다.

1970. 10. 5. 세실리아에게 Bell

편지20

말해다오 그대여! 내 마음 바라는 것이 무엇인가를 알아다오. 그대여! 내 마음 그대 곁에 있음을.   1970.9.2. 세실리아 To Bell

편지21

난 그대를 사랑하오. 바다위에 햇빛 반짝일 때 난 그대를 생각하오. 샘물에 달빛 비치일 때 난 그대 모습 보오. 저 먼 길가에 먼지 자욱할 때 깊은 밤 좁은 길을 나그네 걸어갈 때 난 그대 목소리를 들으오. 물결 거칠게 일렁일 때 잠든 듯 조용한 숲속을 거닐며 귀 기울일 때 나는 그대 곁에 있는 것이오. 그대 멀리 떨어져 있어도 그대 내 곁에 있는 것이오. 해지고 별들 반짝일 때 아! 그대 그 곳에 있다면.

1970. 9. 3. 세실리아 To Bell

편지22

언제나 트이고 싶은 마음에 하야니 꽃피는 코스모스였다. 돌아서며 연신 부딪치는 물결 같은 그리움이였다.

1969. 9.17. 세실리아 To Bell

편지23

마지막 남은 포도주 한 잔으로 초대합니다.

장소 : 명동 설파 다방 (classic music tea room)

일자 : 69. 7. 15. 생일날

시간 : 8:00pm

-세실리아 To Bell

편지24

인간의 정 가장 밑바닥에 흐르는 것이요 인간이 인간을 이해하는 데 가장 기초적인 것이 인간과 인간과의 따뜻한 대화이다. 말해도 말해도 다 말할 수 없어 몸짓으로 터져 나오는 본능적인 애정의 표시! 그것이 없이 어떻게 정과 정이 합류할 수 있고 결실을 맺을 수 있을 것인가? 사랑하면 사랑한다고 애기하자. 싫다면 싫다고 애기하자. 따지고 재고 우물거리고 주저하고 망설이고 자기감정을 우울하기엔 인생은 너무 짧다. 세월은 우리 곁을 스쳐가 버리는 것이다. 세월은 시골 역을 무시하고 오만하게 달려가 버리는 특급열차다. 결코 작고 보잘것없는 이 우주의 한 먼지밖에 안 되는 인간을 위해 세월은 정차해서 기다려 주질 않는 것이다.

넌 모른다. 삶이란 무엇인가를. 넌 모른다. 눈물 젖은 빵의 의미를. 넌 모른다. 가난 속에 찌들어 버린 부모님들의 가엾은 주름살을. 넌 모른다. 핑그르 도는 눈물방울 속에 멀리 떠나 시집가는 누이의 모습을. 넌 모른다. 사랑하는 사람의 빵과 그와의 즐거운 시간을 위해 배를 움켜 잡아야하는 배고픔을. 넌 모른다. 하늘을 바라보며 추운 밤 별을 헤며 이를 악무는 삶의 의지를.

1970. 4. 28. To Caecilia From Bell

편지25

가난, 그것은 나를 괴롭혔고 나를 시험했고 나의 모든 꿈과 이상을 빼앗아 가버렸다. 분명히. 그러나 난 삶을 뼈아프게 느꼈고 산다는 방법을 배웠고 살고 싶다는 욕망을 배웠고 어느 하늘 어느 곳에 버려져도 살아갈 수 있다는 자신을 배웠고 오뇌와 고통 속의 인간이 인간을 사랑하고 사랑해야 한다는 애정의 법도를 배웠고 그래서 내가 살고 있다는 존재의식을 느꼈고 부지런히 열심히 살아야겠다는 결심과 용기와 신념을 배웠다. 난 결코 가난한 인간이 아니었다. 난 얼마나 풍성하고 윤택하고 부유한 삶을 가진 부자인지 모른다.

흔히들 그런 이야기가 있다. 사랑을 위해서 사랑하는 사람을 위해서 왕관도 명예도 재산도 심지어는 자신의 목숨마저 아끼지 않는 헌신적인 감정의 발로가 애정의 참모습이고 애정의 진실이라고. 그런 얘긴 먼 세기의 사람들이나 이제는 퇴색해버린 어느 책갈피에서 주워 볼 수 있는 명귀 따위가 되어버린 걸까? '문명과 문화가 고도로 발달된 현대는 다르다.'라고 얘기하겠지. 뭐니 뭐니 떠들어도 별 수 없어 황금만능 시대야, 돈만 있으면 된다, 그럴지도 모른다. 몇 십 년 아니 몇 년 후에 나도 별수 없이 그런 얘기에 긍정해버리고 마는 나약한 황혼을 맞을는지 모른다. 그러나 지금의 나 빈손 들고 젊음과 투지 속의 나는 믿을 수가 없다. 그것들을 위해 내 짧은 삶을 내던져 버리기엔 아직도 난 맑고 뜨거운 피가 흐르고 있다. 어린 것은 내가 아니다. 어린 것은 그런 얘기 따위를 지껄이고 그것의 노예가 되어 팔려가는 불쌍한 인간들이 어리고 어리석은 것이다. 언젠가는 내 말에도 귀를 기울이는 네가 되리라 믿는다. 아직도 인간은 기계와 물질문명의 노예는 아니다. 아직도 인간의 순수한 영혼들은 살아있는 것이다.

   내 인생도 내 목숨도 내 청춘과 학식과 이상과 행복도 남의 그것들과 같이 귀중하고 값진 것이기에. 어쩌면 성급히 나도 이 나의 이 귀중한 것들을 경솔히 내던지고 애정이라는 이름의 대명사를 위해 내던질 뻔했기에. 다시 한 번 나도 나의 잣대를 가지고 세상에 나가야겠다.

                       1970. 4. 28. To Caecilia From Bell

편지26

이 편지가 들어갈 때쯤이면 그래서 이 허튼소리와 쓸데없는 글자 하나하나가 산산이 흩어져 허공 중에 맴도는 그런 메아리 없는 공허가 네 망막 속에 가득할 때는 난 나의 이 텅 빈 하숙방의 벽속에서 나의 29번째의 생일을 세어보고 로댕의 생각하는 사람처럼의 몸짓으로 구겨진 내 얼굴과 청춘을 짓씹고 있을지도 모르겠다.

   어렸을 때 생일날 어머님이 해주시던 떡과 아버님이 사다주시던 잡지와 장난감은 먼 전설처럼 잊어버리고 지금은 없지만 거울을 보고 시커멓게 멍이 진 수염 턱을 문지르며 거울 속의 나에게 'Happy birthday to you!'라고 웃으며 껄껄 축하의 악수를 나눌 수가 있다. 설령 오지 않아도 좋다. 설령 잊어버리고 있어도 좋다.

"이해할 수 있어"라고 폭넓게 일소할 수도 있겠지. 그리고 나는 외출을 하고 미아처럼 방황과 방랑의 길에 서서 내 길을 걸어야겠지. 그리고 나는 없고 딴 내가 그의 묘비를 쓰겠지. "진실로 진실로 인간답게 살다가 여기 이렇게 잠들다."라고.

1970. 4. 28. To Caecilia From Bell

아버지의 용돈

은퇴를 한 후에야 자식들에게서 용돈을 받았다. 설날, 추석 같은 명절 그리고 생일, 성탄절(x-mas) 때 아이들이 용돈을 주었다. 늘 부모님들이나 자식, 손자들에게 용돈을 주기만 해왔지 받아보기는 처음이어서 어쩐지 어색하고 거북하고 미안한 마음이 들었다. "얼마 안 되는데요."하면서 용돈이 든 봉투를 내미는 자식들의 부끄러워하는 손이나, "고맙다."하면서 봉투를 받는 아버지의 미안해하는 손이나, 다 같이 쑥스럽기는 매한가지였다. 자식들이 대견하기도 하고, 저희들도 어려울 텐데 하는 측은한 마음과 미안한 마음, 내가 이제 자식들에게 용돈을 받는 늙은이가 되었구나 하는 여러 가지 생각이 들었다. 아마도 내가 주는 용돈을 받으셨던 아버지도 같은 마음이었으리라. 용돈은 개인이 자질구레하게 쓰는 돈, 또는 특별한 목적을 갖지 않고 자유롭게 쓸 수 있는 돈이라고 하는데 처음 받았을 때는 나는 "어디다 쓰지."하고 어리둥절하기도 했다.

신문이나 TV방송에서는 용돈을 부모님께 잘 드리는 사람이 효자효녀라고, 많은 부모님들이 이야기하곤 한다. 남녀노소 용돈 좋아하지 않는 사람은 거의 없으리라. 용돈을 많이 자주 드리는 것이 효를 다한다고 생각하는 게 대세지만 나는 좀 다른 생각이다. 물론 효도하는 방법 중 부모님들의 만족도가 높은 방법이긴 하지만 부모님을 잘 섬기는 것과는 많은 차이가 있는 것 같았다.

나는 부모님으로부터 받은 용돈에 대해서는 특별한 추억이나 아쉬움은 별로 없는 것 같다. 그러나 내가 부모님께 드렸던 용돈에 대해서는 좋은 기억이나 추억은 많이 남아있다.

나는 대학 졸업 후 육군 장교로 입대해서 첫 봉급을 받을 때부터 부모님께 생활비를 매달 보내드렸고 용돈은 따로 드렸다. 용돈을 정기적으로 매달 드리는 것이 아니고 명절 때, 생신날에 드렸으며 그 외에는 생각나는 대로 수시로 드렸던 것 같다.

아버지의 용돈이 떨어질 때쯤 되면, 나는 아버지에게 전화를 드려 잔심부름을 부탁드렸다. 예를 들어 호적초본, 주민등록 등본, 등기부등본 떼어오는 일, 공과금, 세금 내는 일 등을 부탁하고, 그 일을 마치고 내 사무실에 들르시면 점심도 같이하고 심부름에 대한 감사와 용돈을 드렸다. 그냥 용돈만 드리는 것보다 덜 미안 해 하시고, 당당히 수고비로 받는다는 생각을 조금은 하시는 것 같았다. 집에서만 무료하게 있지 않고 운동 삼아 움직이시며, 사회에서, 특히 자식들에게 아직도 애비로서 쓸모가 있는 존재라고 생각을 하시며 자신감과 보람을 느끼시는 것 같았다. 그래서 가끔 용돈이 필요하시면 전화하셔서 "뭐 시킬 일이 없느냐?"고 물으시곤 하셨다. 그럴 때마다 "그렇지 않아도 부탁드리려고 연락하려던 참인데요 잘되었네요."하면서 없던 일도 일부러 만들어 부탁을 하곤 하였다. 가끔 점심을 대접하면, 아버지는 밀가루 음식인 각종 국수, 면 종류, 만두 등을 유난히 좋아하셔서, 큰아들인 나와 같이 식사하는 것을 너무 좋아하셨다. 미국에 이민 간 누이동생의 초청으로 미국비자를 받기 위해 미 대사관에 들려 인터뷰하시고, 근처 식당에서 사드린 물만두와 용돈을 마지막으로 미국행 비행기도 타보지 못하시고 폐암으로 고생하시다 72세의 나이에 돌아가셨다. 그때 내 나이 41세였다.

아버지는 자식이 주는 용돈으로, 손자손녀에게 세뱃돈이나 용돈을 주셨고, 친구들과 만나 다방에 가셔서 커피나 차를 사드셨고, 때로는 청계천 세운전자상가에 가셔서 새 카세트테이프를 10개들이 2, 3박스를 사가지고 집에 오셔서 트랜지스터라디오에 흘러나오는 창(唱)(심청전, 춘향전, 흥부전, 적벽가 등)을 녹음해서, 부른 명창, 녹음 날자, 일련번호를 기록, 테이프에 붙여 정리하시고, 감상하시는 취미에 용돈을 쓰시곤 하셨다. 나중에 돌아가신 후 아버지 유품을 정리하는데 녹음된 카세트테이프가 사과박스로 서너 박스나 나왔다.

아버지가 살아생전이나 돌아가신 후에도, 가족 친지들과 주위 사람들이 나를 효자라 했다. 효자가 무엇이고, 효도가 무엇인가? 내가 진정 효자라고 불릴 정도로 부모를 잘 섬기는 일을 잘 했을까? 아무리 자문을 해 보아도 자신이 없고, 더 잘 모실 걸, 잘 섬길 걸 하면서 아쉬움과 후회의 정뿐이다. 생활비를 풍족히 드리고 용돈을 자주 많이 드리는 것만이 효도가 아닌 것 같다. 효도는 말 그대로 부모님 말씀 잘 듣고 반듯하게 자라서 원하는 대학 나와 안정된 직장을 가지고 결혼해서 아들 딸 낳고, 작은 일에 감사하며 평범하게 사는 자식들의 모습을 보여 드리는 것이, 부모님을 편안하게 섬기는 효도가 아닐까 하는 생각을, 아버지가 돌아가신 나이보다 더 살고 있는 내가 다 장성하여 중년이 된 자식들을 바라보며 해 보는 것이다. 자식들이 주는 용돈보다 자식들과 이야기를 나누고 싶은 마음이 더 한 내 심정이, 돌아가신 내 아버지의 심정이었으리라.

용돈을 주고받음을 넘어서 부모와 자식 간의 대화를 통한 소통이 세대 간의 간격을 없이하고 서로 품어 주는 것, 그것이 오르내리는 사랑이요 효를 바탕으로 한 진정한 사랑이라고 생각한다. 용돈은 다다익선(多多益善)이던가? 아버지가 많이 보고 싶다.

주제 : 부모를 섬기고 공경하는 효(孝)문화
2016년 5월 군포시 어버이날 수필부문 최우수작 군포시장상 수상

편지 같은 유서

시대는 빠르게 변화하고 세상은 갈수록 복잡해져감으로 교통사고를 비롯하여 각종 사건사고와 재해로 인한 사망, 심각해져가는 공해로 인한 각종 질환에 의한 급사 등, 많은 사람들이 갑자기 생명을 잃고 죽어간다. 심장마비, 뇌졸중, 치매 같은 증상으로 뜻밖에 비명횡사하거나 의식을 잃어버리고 식물인간이 되는 수가 더더욱 많아지고 있다.

난 20여 년 전에 내 아우를 잃었다. 내 아우는 삼남삼녀, 6남매 중 셋째이고 아들로는 장남인 내 다음 둘째이다. 해방 2년 후에 태어나 세 살 때 6.25전쟁을 겪느라고 잘 못 먹고 자라서인지 유난히 몸이 허약한 편이었다. 그 당시 지방도시 명문중학교에 다니던 나는 공부 못하는 동생을 국민학교(초등학교) 때부터 스파르타식 방법으로 엄하게 공부를 가르쳤다. 심지어 동생이 다니는 국민학교에 수시로 들려 동생을 챙기었다. 그 바람에 그 담임선생님 눈에 들어 동생 학급의 시험지도 채점해 드리는 등 선생님의 수발을 들며 열심히 도와드렸다. 동생의 시험성적이 나쁘거나, 잘못된 행동이나, 거짓말을 하면 바지를 무릎까지 올리게 해놓고 종아리를 회초리로 때리곤 했다. 나의 아버지께서 내게 꾸중하셨던 것보다 더 엄하게 체벌을 했던 것이다. 우리 집 한 편에 서 있는 감나무에서 아직 다 익지도 않은 감을, 내 경고에도 아랑곳 하지 않고 성급히 몰래 따먹고 모른 체 시치미 떼는 사람도 그 동생이었다. 한번은 '론 레이져'라는 서부활극 영화를 몰래 본 것 같아서 추궁을 했더니 아주 딱 시치미를 떼었다. 이삼일 후 내가 밥상에서 무심코 '론 레인져' 영화가 그렇게 재미있다더라고 하면서 운을 떼니까, 동생은 신이 나서 그 남자 주인공이 쌍권총을 휘두르며 말을 달려 악당들을 처치했다면서 재미있게 영화이야기를 하는 바람에 몰래 영화 본 것이 탄로가 났다. 솔직하지 못하고 형에게 거짓말을 했다고 나는 회초리 매를 들었다. 동생은 "아차" 했지만 때는 늦었고 할 수 없이 바짓가랑이를 무릎까지 올려 종아리를 앉아있는 내 눈 앞에 대고, 아플까봐 무섭고 겁이 나 잔뜩 웅크리고 서있었다. 왜 매를 맞아야 하는지를 설명하고 매를 높이 들고 막 후려치려는 순간, "뽕"하고 이상한 소리가 났다. 동생의 방귀소리였다. 평소 동생의 방귀는 썩은 고약한 냄새가 났었는데 이번 방귀는 냄새는 별로 나지 않았는데 소리가 좀 묘했다. 난 갑자기 웃음이 나오려는 걸 참았다. 진땀까지 흘리면서 참고 참다가 못해 매를 든 채 웃음이 폭발하고 말았다. 겁에 질려 아무 말 없이 서 있던 동생도 멋쩍게 "흐흐" 거리다 해맑게 웃어버렸다. 이게 웬 시추에이션! 둘 다 터지는 웃음 속에 옆에서 겁먹고 지켜보던 다른 동생들도 다 웃음바다가 되었다. "다음에는 거짓말 하지 마! 거짓말하는 사람이 제일 나쁜 사람이니까."하면서 매를 거두고 용서해주었다. 그런 뒤로 잘못한 일로 매를 맞게 되는 경우에는 어김없이 나를 웃겨 매를 안 맞으려고 억지로 방귀를 뀌려고 애를 쓰곤 했다.

5.16 혁명 후 갑작스레 공무원이셨던 아버님의 퇴직으로 인해 집안이 기울고 집이 서울로 이사 온 후에도 동생은 그 곳에 혼자 남아 고등학교를 어렵게 졸업한 후 서울로 올라왔다. 대학에 진학할 집안 형편도 안 되었고 실력도 없어 모든 것 포기하고 취직자리를 구하려 방황하기도 했다. 언젠가 한 번은 아무 말도 하지 않고 가출해서, 보름 만에 집에 돌아와, 걱정했던 모든 가족을 제쳐두고 내 앞에 서서 "형! 미안해. 나, 형 한번만 안아 봐도 돼?"하면서 나를 안고 울었던 적도 있었다. 나는 가출하여 방황했던 동생의 절망과 돌아와서 형을 안고 울었던 그 눈물의 의미를 어느 정도 이해할 수 있었다. 그래서 우린 같이 울었다.

내가 육군 소령으로 병역을 마치고 명동 길 하나 건너 남산동 입구에 치과의원을 개업하고 있을 때, 동생은 수시로 와서 내게 용돈을 타서는, 한두 끼 굶을지언정 화려한 옷을 사 입고 멋을 내고 다녔다. 하루는 꼭 필요하다고 얼마를 달라고 하기에 사정이 급한 것 같아 주었더니 그 길로 명동으로 가서 최고급 주단 꽃가라(꽃무늬, 꽃바탕) 맞춤셔츠를 맞춰 입고, 명동 유명 사진관에서 정면, 왼쪽, 오른쪽 명함판 사진을 찍어 KBS 탤런트시험에 응모했다. 우연히 발견된 '주단 꽃가라 2장, 선금 OOO, 잔금 OOO 명동 맞춤 셔츠 센터' 영수증 때문에 모든 사연이 발각이 되어 많이 혼이 나기도 했지만 우리 집에서는 그 동생의 '주단 꽃가라' 사건은 잊을 수 없는 유쾌하고도 씁쓸한 추억이기도 했다. 사실 우리 형제 중 그 동생 인물이 그래도 제일 잘 생겨서 미남이라고들 했다. 그래서 그런지는 모르지만 그 KBS 탤런트공채시험에 응모해서 사진, 서류심사를 거쳐 면접시험과 연기 테스트에 합격했다. 합격한 후 동생의 말로는 수습비용(?)인지 연기수업비인지 얼마를 내고 과정을 수료해야만 정식으로 탤런트가 될 수 있다고 했다. 그런데 그 비용이 그 당시 보통 월급쟁이 3개월 봉급에 해당되는 돈이라고 기억되는데, 나는 그 돈을 해주지 못했다. 내 형편도 형편이지만 동생이 그런 배우나 탤런트가 되는 것이 싫기도 했다. 그 당시 배우나 탤런트는 '딴따라'라고 해서 사람들이 좋은 직업이 아니라는 많은 편견이 있던 시절이기도 했다. 내가 그때 그 돈을 해주어 동생이 그 길로 갔었다면 지금쯤 훌륭한 배우나 탤런트로 성공해서 그런 끔찍한 사고로 죽지 않고 오래 살았을는지도 모르는 일이었다.

동생이 나이가 되어 군에 입대했을 때도, 여기저기 부탁해서 미군 '카투사'로, 미 2사단에 배치되어 근무하게 했다. 그때도 덩치 큰 미군흑인병사와 식칼을 들고 싸워 영창에 있던 것을, 그 당시 수도육군병원 군의관으로 있던 내가 어머니 모시고 최전방 미군부대까지 가서 면회하고 미군담당소대장, 중대장에게 사과하고 잘 선도한다는 조건으로 영창신세를 면하게 해 준 일도 있었다.

군복무를 마치고 제대를 한 동생은 내 친구 아버님의 선처로, 그 분이 공장장으로 계시는 인천전남방직 주식회사에 취직을 해서 기술도 배우고 열심히 살아갔다. 성인이 다되어 장가도 가고 자식을 낳고 중년이 다된 그때까지도, 늘 형인 나를 무서워하고, 아버지 어머니 말씀보다 내 말을 더 잘 듣고 순종했던 착한 동생이었고 내가 형제들 중 가장 사랑했던 동생이었다.

명절 때 우리 가족은 차례를 지내고 식사를 하고 나면 윷놀이나 고스톱을 하며 즐겁게 지내곤 했다. 그 중에서도 이 동생은 좀 다혈질이어서, 자꾸 져서 돈을 잃으면 "내 심장에 불붙었다" 소리치며 화를 내었고, 한번이라도 크게 나서 돈을 많이 따게 되는 경우에는 "가만있어! 가만있어!"하면서 손을 부들부들 떨면서 점수계산하기에 어쩔 줄 몰라 하곤 했다. 40대 중반의 나이에 맞벌이로 열심히 돈을 모아 45평 아파트를 장만하고, 어머님과 형제자매들을 불러 모아 집들이 잔치를 하고 이제 살만하게 되었다고 즐거워하였던 모습을 마지막으로 사별을 했다.

그 날 동생은 고스톱에서 많은 돈을 잃었지만 평소와는 다르게 크게 화를 내지 않고 "다음 명절 때 복수할 테니 그때들 봅시다."라는 말만 담담하게 했던 것 같다. 그 열흘 후 쯤 한밤중에 근무하던 방직공장에 화재가 나서 야간근무현장의 최종 책임자 격인 그가 많은 인명을 대피시키고 뒤늦게 나오다가 연기에 질식되어 쓰러져 새카맣게 숯같이 타버렸다. 물론 어떤 유언이나 유서도 없이 아무 말도 못하고 가버렸다. 뭐라도 한마디쯤 남기고 갔으면 좋으련만, 너무 아쉽고 허망했다. 내가 가장 아끼고 사랑했던 그 동생이 죽었다니. 난 많이 울었다. 이럴 줄 알았으면 매질을 하지 말 걸. 그럴 줄 알았으면 더 안아줄 걸. 더 잘해줄 걸. 더 사랑해줄 걸. 걸, 걸 속에 끊임없는 자책과 원망과 후회와 아쉬움과 연민 속에, 난 다음날 아침에, 화장실에서 세수를 하다 수돗물을 틀어놓고 대성통곡하며 울었다. 이제 내 동생은 없다. 볼 수도, 만질 수도 없는 저 세상으로 가버렸다. 타버린 시체를 확인하며 삶의 덧없음을, 허무함을 다시 한 번 느꼈다. 동생이라고 확인할 수도 없이 타버린 시체였지만, 치과의사인 내가 치료해주었던 치아(골드인레이, 골드크라운 등)를 보고, 믿고 싶지 않았지만 겨우 확인할 수가 있었다. 지금은 유전자 감식 등으로 개인 식별을 확실하게 하곤 하지만 그 당시는 화재로 타버린 시체나 죽은 지 오래된 시체는 인체에서 가장 오래 남아있는 단단한 뼈 특히 치아를 가지고 개인 식별이나 나이를 추정 감별 했었다. 그래서 그 사람의 치과 치료받은 차트나 엑스레이, 보철치료 등이 귀중한 자료나 증거가 될 수 있었다. 동생의 죽음은 신문에 나고 TV 뉴스에도 보도가 되었다. 참으로 생각지도 않은 남의 일, 나와는 전혀 상관없는 무관심했던 그 일들이 바로 나에게 갑자기 닥쳐 현실로 다가왔을 때, 오! 하나님! 이라고 부르짖을 수밖에 없었다. 한치 앞, 내일의 일을 모르는 참으로 연약하고 어리석기 그지없는 것이 인생이요, 사람의 삶이다.

"내일 일을 너희가 알지 못하는 도다. 너희 생명이 무엇이뇨. 너희는 잠깐 보이다 없어지는 안개니라." 성경말씀이다. 우리는 언제 어떻게 죽을지는 알지 못한다. 인간이 자기의 죽을 때를 안다면 인간의 역사는 대 혼란과 혼돈의 역사였을 것이다. 하나님만이 아시는 비밀인 것이다. 그래서 죽음을 준비해야겠다는 생각을 했다. 언제 어떻게 죽더라도 당황하지 않고 의연하게 죽을 수는 없을까? 남은 사람들, 내 가족, 내 사랑하는 사람들에게 모든 것을 알 수 있도록 모든 삶을 정리해놓아야겠다. '사람이 어떻게 사느냐'도 중요하지만 '어떻게 죽느냐' 하는 것도 중요하다고 생각한다. 아무런 유언이나 유서도 없이 갑자기 죽어버렸을 때, 남은 유족이나 친구들은 슬픔에 당황하기도하지만, 그 사람의 재산 관계, 부채관계 등을 알 수가 없어 혼란과 분쟁을 일으키는 경우를 자주 보게 된다. 동생의 경우에도 사후 얼마쯤 있다가 남은 가족들도 모르는 빚쟁이들도 나타나 괴롭히고, 은행에서도 대출관계로 문제가 있어 복잡하고 황당해서 난감해 했었다.

동생을 잃은 그 해 어느 날 난 해외여행을 하게 되어, 떠나기 전에 내 아내와 내 아들과 딸에게 유서를 썼다. 내 아내로 열심히 지금까지 살아주어서 고맙고, 내 아들과 딸로 태어나서 건강하고 밝게 공부 잘하고 착하게 성장해준 데 대해 감사하고 사랑한다. 나는 남편으로, 아버지로서 최선을 다해 살아왔고, 너희들을 사랑하였다는 요지의 글과 함께 현재 내 재산목록, 부채관계, 보험, 증권 등을 기록하였고 그것들을 어떻게 정리하고 분배하라는 것을 적었다. 그러면서 난 많은 것을 느끼고 깨달았다. 이제까지 내가 살아온 인생을 뒤돌아보고 반성하고 후회하고, 과연 남편으로서, 아버지로서 아내와 자식들에게 최선을 다 했으며 이웃과 친척, 친구들에게 얼마나 사랑하고 베풀었는지, 그리고 내가 이 세상에 과연 무엇을 얼마나 남기었는지, 참으로 아쉬움과 부족함뿐이었다. 현실에 순응하며 그렇게 내 딴엔 열심히 걸어온 길을 어느 날 문득 서서 뒤돌아볼 때 참으로 어처구니없는 허무와 회의의 소용돌이 속으로 잠기면서 잔잔한 슬픔으로 전율하게 되는 것이었다.

유서에 얽힌 인생사연도 많다. 비행기가 사고가 나서 추락하는 그 순간에도 일본 사람들은 자기가 사랑하는 가족들에게 간단한 쪽지지만 유서를 남겼다는 기사를 보았었다. 요사이도 추락하는 비행기 속에서 침몰해가는 배 안에서 사랑하는 가족에게 짧은 몇 마디를 핸드폰 문자로 남기는 경우를 보도를 통해 흔히 볼 수 있었다. 그 위기의 짧은 순간에 남긴 몇 자의 글이 그 사람의 전 생애를 대변할 수는 없지만 진실함에는 틀림이 없으리라.

유서는 아름다운 수식어나 미사여구의 형용사가 필요 없다. 참으로 경건하고 엄숙하다 못해 비장한 마음으로 진실만을 쓸 수밖에 없는 것이라 생각한다. 물려줄 재산이나 빚이 없어도, 단 한마디라도 사랑하는 사람들에게 미리 유서는 남겨야 한다고 생각한다. 난 그 당시 해외여행에서 무사히 돌아와 그때 썼던 유서를 까맣게 잊고 있었다. 앞만 바라보며 열심히 살아온 그 어느 날, 치과의사의 길을 멈추고 자유롭게 은퇴를 하고, 칠순을 훌쩍 넘은 이 나이에 문득 유서를 미리 다시 써야하겠다는 생각이 들었다. 눈물겹도록 진실하게, 진정으로 내 생애 마지막이라는 생각으로, 회개의 기도 같은 유서를 남기고 싶은 것이다.

유치환 시인의 시구처럼 '그리운 이여! 그러면 안녕! 설령 이것이 이 세상 마지막 인사가 될지라도 사랑하였으므로 진정 행복하였노라'라고 유서 같은 편지, 편지 같은 유서를 해마다 연말에 써 놓고 새해를 맞이해야겠다는 다짐을 해 보는 것이다.

2012년 《치의신보》〈릴레이 수필〉란에 소개된 수필

한 장의 사진

 은퇴를 하고 나는 그동안의 삶을 정리하고 싶어서 그 옛날 일기를 들쳐보다가 누렇게 바랜 흑백사진 한 장이 일기장 갈피 사이에서 툭 떨어졌다. 무심코 들고 보니 차이나 의사가운을 입은 삼십대 인물과 스포츠머리에 어깨가 떡 벌어진 이십대 청년이 어깨를 나란히 하고, 약간은 긴장되고 어색한 표정으로 나를 쳐다보고 있었다.

 좀 오래된 기억이긴 하지만, 나는 서울대학교 치과대학을 졸업하고 육군군의관으로 군복무를 시작했다. 오랫동안 주로 육해공을 아우르는 국군통합병원에서 근무를 하다가 육군 소령으로 예편하였다. 그해 4월초에 서울 중구 퇴계로2가 남산동 입구, 덜그럭거리는 낡은 나무계단이 있는 일본식 목조건물 2층을 개조하여 김계종

치과의원을 개업했다. 그 당시는 70년대 초라 번듯한 건물들이 별로 없는 데다가 명동 근처라 웬만한 건물 임대료도 꽤 비싼 편이라 좋은 건물은 엄두가 나지 않고 이런 낡고 좁은 일본식 건물 이층도 나에겐 감지덕지였다. 더구나 주위에 호텔도 많고, 결혼식장도 많고, 유명식당도 많으면서 교통도 좋아 치과의원으로서의 입지조건이 아주 탁월하다고 생각했다.

개업한 지가 얼마 되지 않아서 토, 일요일 주말에도 병원 문을 열고 진료를 하고 있던 터였다.

오월 어느 일요일 정오가 조금 지났을까 웬 수수한 초록색 티셔츠를 입은, 순박해 보이고 약간 촌티가 나는 청년이 오른손으로 오른쪽 턱을 감싸고 병원 정문을 열고 들어섰다. 처음엔 누구인지 전혀 몰랐으나 간호사가 치료 의자에 그를 인도 해 앉았을 때 비로소 그가 그 유명한 축구스타 차범근 선수라는 것을 알았다. 첫인상은 얌전하고 마음씨 착하고 순박한 시골청년 같았다. 스포츠머리에 어깨가 떡 벌어진 다부진 체격이었다.

"차범근 선수시죠?"

나는 일단 안심시키려고 말을 걸었다.

"예, 원장선생님, 제가 이가 아파서 왔습니다. 잘 좀 치료해 주십시오."

"아, 예, 어느 치아가 아프시죠?"

"이 치아입니다."

"어떻게 아프시죠?"

"욱신욱신 거리고 열이 나는 것 같고 너무 아파 참기가 힘듭니다."

하면서 가리키는 치아는 다름 아닌 사랑니였다.

당시 치과의원에 엑스레이 시설이 없는 치과의원이 대부분이었다. 그래서 병원에 X-ray를 설치한 치과는 병원 간판에 'X-ray부설'이라고 써서 광고하기도 했던 시절이었다. 마침 우리병원에도 엑스레이가 설치되어있어 스탠다드 X-ray사진을 촬영하고 검진을 해보았더니, 하악 우측 제3대구치(사랑니)가 그 앞에 있는 제2대구치에 걸려 더 이상 나오지 못하고 비스듬하게 누워 있었으며 치아와 치아사이에 음식물이 자주 낀 탓에 충치가 상당히 진행된 상태였다. 만성 우식증(충치)에 급성 치수염으로 통증이 심했다.

치아 상태로 보아서는 발치를 하는 것이 최선의 치료였으나, 대통령배(박스 컵) 국제축구 대회 중이라 하고 또 내일 중요한 시합이 있다고 해서, 통증을 제거하는 응급처치만 해주겠노라 하면서 국소마취를 했다. 하악 전달마취에 침윤마취까지 했는데도 통증은 계속되어 차 선수는 괴로워했다. 그렇게 심한 통증을 참아내는 차 선수의 인내심은 실로 의사인 나로서도 놀라움을 금할 수 없었.

리도카인 마취 앰풀을 서너 개를 주사했는데도, 그래서 입과 입술이 삐뚤어 돌아가도록 다른 치아나 부위들은 마취가 잘되었는데도 그 치아만은 마취가 되지 않았다. 염증이 한창 진행되는 치아주변에는 신경이 극도로 예민해져서, 치아 내 압력이 높아짐에 따라 마취 액을 밀어내어 깊숙이 침투되지 못하는 경우는 간혹 있다곤 하지만 이렇게 마취가 안 되는 경우는 처음이었다. 한참을 기다렸으나 결국은 더 이상 마취는 의미가 없다고 판단하고, 우선 치수강을 오픈시켜 압력을 떨어뜨리고 통증을 줄이려 시술을 하는 순간 그렇게 잘 참고 있던 차 선수가 사지를 쭉 늘어뜨리고 기절을 해버렸다. 나는 크게 놀라고 당황했다. 오죽 많이 아팠으면 운동선수가 이렇게 기절까지 했을까?

이런 경우, 극심한 통증으로 인한 쇼크이거나, 리도카인 마취제 쇼크인데 이 경우는 둘 다인 것 같았다. 개업 초년생인 나는 얼른 치료 의자를 완전히 수평으로 눕혀 머리를 낮추고 허리띠를 풀고 간호사와 나는 어깨와 손발을 주무르고 나름대로 응급처치를 했다. 119를 부를까 망설이기도 했다.

'잘못되면 어떡하지? 이제 개업한 지 얼마 되지 않았는데, 유명한 축구선수 차범근을 치료하다 사고를 냈다고 언론에 대서특필 된다면 내 치과의사생활이 제대로 꽃 한번 피워보지 못하고 여기서 끝나는구나.'하는 생각과 상상들이 번개처럼 스쳐 지나가고 있었다.

주무르고 있는 어깨는 단단하다 못해 무쇠 같았고 허벅지와 다리의 바위 같은 근육은 실로 놀라웠다. 차 선수에게 계속 정신 차리라고 말하면서 하나님께 기도했다. 기다리기를 한 10분가량 지났을 때(왜 그렇게 긴 시간이었는지) 차 선수가 눈을 뜨며 정신이 들기 시작했다.

"괜찮아요?"하고 물었더니 정신을 차리고 대답한다.

"괜찮습니다, 통증도 조금 나아진 것 같습니다. 미안합니다."

내가 더 미안한데 자기가 미안하다고 먼저 했다. 여하튼 그렇게 말하면서 정신을 차린 차 선수가 그렇게 고마울 수가 없었다. 머리를 좀 들고 치료 의자를 약간 세운 다음 치수강 내에 감염된 치수를 제거하고 세척 소독하고 진정제를 넣고 임시충전을 했다. 물론 약도 처방했다. 그리고 시합이 끝난 후에 시간을 내서 되도록 빠른 시일 내에 사랑니를 발치하는 것이 좋겠다고 상세히 일러 주었다.

그러는 와중에 언제 와있었는지 키가 큰 김재한 선수와 허정무 선수 등 서너 명의 국가대표 축구선수들이 대기실에 앉아 있다가 "원장님, 어떻게 된 겁니까? 왜 차 선수가 누워 있습니까?" 따지듯 물었다.

이 선수 저 선수 눈을 부릅뜨고, 돌팔이 의사 아냐? 의사 맞어? 하면서 중얼거리고 있는 거 같았다. 크게 의사가 잘못을 해서 차 선수가 기절해 누워있다는 식으로 생각하는 듯했다. 난 덜컥 겁이 났다. 치과치료 받으러 간다던 차 선수가 오랜 시간 돌아오지 않으니까, 우리 치과 길 건너 세종호텔에 합숙하고 있던 국가대표 축구선수들 중 몇 명이 치과에 우르르 와 본 것이다. 그리고 "뭐가 잘

못된 것 아닙니까?" 따지듯 큰소리로 항의를 했다. 겁이 덜컥 났지만 침착하게 그간의 자초지종과 경과를 이야기 해주고 모든 것이 괜찮아졌으니 안심하고, 차 선수를 데리고 가서, 내일 경기를 위해 오후에 있을 예정이라는 연습과 훈련은 시키지 말고 안정하고 푹 쉬도록 당부하고 무슨 일이 있으면 전화하라고 일러 보냈다. 그들이 돌아간 뒤 한참을 멍하니 간호사를 쳐다보며 서있었다. 생전 이런 경우는 처음이었다. 긴장이 풀리니 부끄럽기도 하고, 창피하기도 하고, 땀이 나면서 온 몸이 지쳐 한숨이 나왔다. 오늘 저녁에 통증도 없고 괜찮아야 할 텐데 좌불안석 걱정에 걱정이었다.

그 다음날 난 대통령배(박스 컵) 축구경기를 TV 중계방송으로 보면서 제발 차범근 선수가 아무 일 없이 출전해 주기만을 바라고 기다렸다. 축구경기가 시작되었다. 제일 먼저 난 선수들 중에 차 선수를 찾았고 드디어 건장한 차 선수의 모습을 보고 반가웠고 안심이 되었다. 경기를 잘해야 할 텐데 걱정을 많이 했다. 차 선수는 그 뛰어난 기량으로 열심히 뛰었다.

어느 나라와 싸웠는지는 기억이 나지 않지만 그 당시 1:1 동점 상황으로 후반전 경기도 거의 끝날 무렵 드디어 차범근 선수의 강력한 슛이 터져 2:1 대한민국이 극적으로 승리했다. 요사이는 극장골이라고 하던가, 여하튼 차 선수의 대포알 같은 슛이 결승골이 되었다. 나는 벌쩍벌쩍 뛰면서 좋아했다. 무사히 건강한 모습으로 출전만이라도 해주었으면 하는 바람이었는데 이렇게 잘 싸워 준 차 선수가 그지없이 반갑고 고마웠다. 그리고 그가 그지없이 자랑스러웠다. 전에도 차 선수를 무척 좋아했지만 이제 나는 그의 완전 열광팬이 되고 말았다.

차 선수가 이제 시합도 끝나고 치아 통증도 없고 하니, 사랑니 발치는 안하려고 할 것이고, 만일 발치하려고 마음먹는다 해도, 전에 그 난리법석을 쳤으니 우리 병원에는 안 오겠지! 하고 안심하고 그 사건은 잊어버렸다.

한 달쯤 지났을까 차 선수가 또 찾아왔다. 그는 미안하다는 듯 "지난번에 저 때문에 선생님 고생 많이 하셨죠? 이제 그 사랑니 빼러 왔으니 빼주십시오."했다. 순간 당황했다. 8년 동안 수많은 장병들을 치료하고 수많은 치아를, 특히 사랑니 발치를 많이 해보았기 때문에 임상경험은 충분했지만 혹시나 전번 같은 경우가 생길까 봐 망설일 수밖에 없었다.

"사랑니 발치는 굉장히 어렵고 난이도가 아주 높은 수술이며 또 전번과 같이 국소마취가 잘 안되고 고생하면 안 되니까 응급처치 시설이 잘 되어 있는 다른 큰 종합병원 치과에 가는 것이 서로 좋을 텐데요. 내가 서울대학교 치과대학병원에 소개장을 써 줄 테니 그렇게 합시다."라고 정중히 권했다. 그런데 조금의 망설임 없이 그는 "선생님이 치료했던 치아이니 선생님이 빼주십시오. 전 선생님 믿습니다."라고 말했다. 전번의 사건에도 불구하고 날 믿는다니

고맙고 감사했다. 큰 치과병원에 가기를 두어 번 더 권했으나 막무가내였다. 난 수술동의서까지 받아 놓고 할까 하다가 환자가 너무 겁먹을까 봐 그만 두고 그냥 수술하기로 결심을 했다. 전번에 그렇게 안 되었던 마취가 리도카인앰풀 2개로 마취가 잘 되었다. 잇몸을 절개하고 치아를 3등분으로 분리하여 발거하고, 식염수로 발치와를 세척하고, 봉합도 꼼꼼하게 정성 들여 해서 잘 끝낼 수 있었다. 약을 처방하고 집에 가서 얼음찜질을 하라고 일러 주었다. 다음날 드레싱하기 위해 내원하라고 했는데 오지 않았고, 삼일째 되는 날 들렸다가 발치 일주일 후에 봉합사(縫合絲)를 제거함으로써 사랑니사건은 일단 끝이 났다.

그 후 차 선수는 우리병원의 단골환자가 되어 고대를 졸업하고 1979년 서독 '분데스리가'로 갈 때까지 수시로 치과치료를 받았으며 치과상담을 위해 자주 들렸다. 그때는 국민 의료보험제도가 시행되기 전이라 내가 무료로 치료를 해주었는데 치료의 한계가 있을 수밖에 없었다. 얼마 되지 않아 의료보험제도가 시행되어 일부 혜택이 있었지만 금인레이, 금주조관, 금주조관계속가공의치(골드브리지) 등 고가의 치료는 역시 하지 못해 안타까웠다. 얼마 후에 대한축구협회가 국가대표선수들에게 의료보험에 적용이 안 되는 치료도 치료비를 후원해주는 규정이 통과되어 고가의 보철치료도 해 줄 수 있어 다행이었다.

하루는 여자 친구라며 지금의 부인되시는 오은미 씨와 치과에 와서 같이 치료 받기도 했다. 그때 차범근 선수는 고려대를, 오은미 씨는 연세대에 재학 중이었다고 기억하고 있다. 그 당시 연고전이 해마다 있었는데 그럴 때마다 축구경기에서 고대가 이기면 연대의 오은미 씨가 연대생들에게 욕을 먹고, 연대가 이기면 차범근 선수가 고대생들에게 번갈아 욕을 먹는 해프닝이 있었다고 했다. 오은미 씨는 귀엽고 예쁜 얼굴에 첫인상이 참해 보였다. 특히 까만 눈동자가 빛나며 영리해 보였다. 병원 대기실 의자에 두 사람이 나란히 앉아있는 모습이 참 잘 어울리는 한 쌍이라는 생각이 들었다. 호랑이를 상징하는 고려대학교의 축구선수로 야성적이고 믿음직하고 남성적인 차범근 선수와 독수리를 상징하는 연세대학교 음악대학을 다니고 있는 예술적이고 감성적이고 여성적인 오은미 씨의 만남은 정말 찰떡궁합 그 자체였다고 생각했다. 그 후로 이 두 사람과 치과치료나 상담은 물론 때로는 연애 상담, 인생 상담 등을 나누며 친하게 지냈었다. 결국 두 사람은 멋지고 아름다운 결혼을 했다. 그리고 차하나, 차두리, 차세찌 이렇게 2남 1녀를 두고 행복한 가정을 이루며 살고 있다. 차 선수가 독일 분데스리가로 떠난 후 그를 TV중계방송이나 언론을 통해 주치의로서, 열렬한 팬으로서 그를 늘 지켜보면서 응원했다. 그리고 그가 세계적인 훌륭한 축구선수로 성공하기를 기도했다.

어느 날 치료가 끝난 후 차범근 선수와 주치의로 기념사진을 찍자고 해서 우리 치과 바로 앞에 있는 사진관에서 사진을 찍었다. 그 후 10년이 지나 나도 강남구 대치동으로 치과 클리닉을 이전했고 차 선수도 서독 분데스리가에서 대 스타로 성공적인 활동을 한 뒤 한국으로 돌아왔지만 다시 만남의 기회는 없었고 서로 까맣게 잊고 살았다.

그때 그날 같이 찍었던 사진 한 장이 45여 년 동안 일기장 속에서 끼어 있었던 것이다. 일단 너무나 반가웠다. 이제 팔십이 넘은 백발노인이 된 나의 젊은 시절의 모습은 물론이려니와 가끔 매스컴에서 보는 살아있는 축구전설 차범근의 젊은 대학생시절의 모습을 보니 감개가 무량했으며 그 동안의 추억이 파노라마처럼 스쳐 지나갔다. 세월의 흐름이 안타까울 뿐이다.

살아있는 축구전설이요 세계적인 스타 차범근 선수는 천상 축구를 위해 태어난 사람 같았으며 뭐니 뭐니 해도 그의 덕목은 겸손과 끈기였다.

그가 나와 만난 이후, 축구계의 거성으로 한국은 물론 세계를 향해 뚜벅 뚜벅 걸어갔던 차 선수의 성공적인 모습에 환호하고 축하하며 남다른 애정을 가지고 지금까지 자랑스럽게 지켜보면서, 나 또한 늘 치과의사의 길을 성실하게 걸어 왔던 것 같다. 이제 나도 차 선수도 다 함께 현역에서 은퇴했고 건강한 모습으로 아름다운 노후를 행복하게 보내고 있음에 감사하고 있다.

한때 대 스타 차범근 선수 부부의 치과주치의로서의 귀한 인연과 친구로서의 추억만이 이 한 장의 빛바랜 사진과 함께 내 가슴에 오롯이 남아있을 것이다.

밝은 태양일수록 모든 정열을 불태우며 새빨갛게 지는 노을이 더 화려하고 아름답지 않은가.

2013. 10. 26.
2022년 10월. 군포문인협회 지역전문예술인단체
창작지원 〈메모리 인 흑백〉에 수록

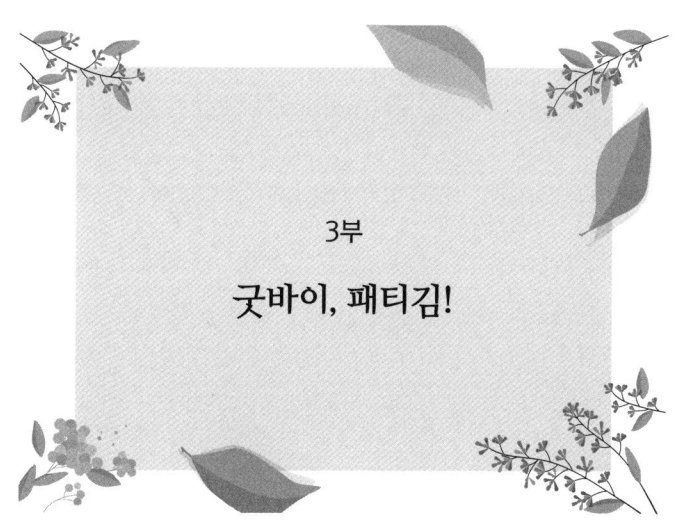

3부

굿바이, 패티김!

굿바이, 패티김!

'가을날 노랗게 물들인 은행잎이 바람에 흔들려 휘날리듯이 그렇게 가오리다. 임께서 부르시면…'

어느 시인의 시구처럼 노랗게 물들인 은행잎이 바람에 흔들려 휘날리는 가을 길을, 올림픽공원 내 체조경기장을 향해 아내와 같이 걷고 있었다. 치과의사인 둘째아들이 어떻게 알았는지, 평소 아버지와 어머니가 좋아하는 패티김의 마지막 은퇴공연 티켓을 예매하여 주어 관람하게 된 것이다.

넓은 실내체육관은 입구에서 나누어준, 응원할 때 흔드는 야광봉을 들고 입장한 50~70대 나이 지긋한 팬들로 가득 찼고, 열기 또한 대단했다. 평소에 음악을 좋아하고 합창활동을 꾸준히 해왔던 아내와 나는 패티김을 특히 좋아했다. 그의 공연은 물론 거의 모든 콘서트에 참석했다. 오늘 그녀의 마지막 은퇴공연은 큰 감동이었다. 젊은 시절부터 좋아하고 따라 불렀던 주옥같은 가사와 선율로, 영원히 다시 올 수 없는 우리의 젊은 날을 회상할 수 있어 또한 즐거웠다.

젊었을 때나 늙었을 때나 변치 않고 당당하고 자신만만하게 자신과 팬들에게 최선을 다해 노래 부르는 그녀의 모습이 항상 좋았다. 예쁘고 귀여운 여자는 아니었지만, 늘씬한 키에 서늘한 눈매, 서구적인 체구에 묘한 동양적인 마스크를 한 매력적인 여자다. 특별히 노래를 부를 때에 그 감성적인 섬세한 표정에서부터 폭풍우가 몰아치는 듯 다이내믹하고 시원한 음성과 제스처는 가히 감동적이고 열정적이어서 신비스럽기까지 하다.

가난하고 암울했던 60~70년대에 우리의 기쁨과 슬픔을, 사랑을 노래하고 위로해 주었던 주옥같은 노래들- 초우, 이별, 사랑이란 두 글자, 서울의 모정, 서울의 찬가, 못 잊어, 빛과 그림자, 사랑은 영원히, 연인의 길, 구월의 노래, 가시나무새, 가을을 남기고간 사랑, 가을의 연인- 등은 지금도 가슴속에 아로새겨져 있다.

내가 그녀를 가까이 직접 만나본 것은 1970년 가을이라고 기억한다. 군의관으로 국군 대구통합병원 치과부 보철과장으로 복무하고 있을 때였다. 국군 대구통합병원에 입원하고 있는 군 장병 특히 월남(베트남) 파병 전상 군 장병 위문공연을 하기 위해 그녀가 남편인 길옥윤 씨와 같이 병원에 왔었다.

길옥윤 씨는 평북 영변에서 태어나 길옥윤(吉屋潤)이라는 일본 예명을 가지고 있었지만, 한국 본명은 최치정으로 서울치대 3회(1949년졸) 졸업생으로 필자의 대선배가 된다. 일본과 한국을 오가는 유명한 색소폰 연주자로서 수많은 아름다운 작사와 작곡을 남겼고, 아내인 패티김에게도 많은 곡을 작사 작곡해서 부르게 했던 우리 팝, 가요계의 거성이요 전설이었다.

동생 되는 최치갑 선생(서울치대23회)이 마침 그때 국군통합병원 치과부 보철과 레지던트로 수련 복무하던 때였다. 위문공연이 끝나고 길옥윤 씨는 패티김과 같이 치과부에 오셔서 담당과장인 나에게 동생을 잘 부탁한다고 당부하며 인사를 나누웠던 기억이 새삼스럽다. 유난히 길쭉하고 예쁜 손가락과 따뜻한 손으로 나눈 패티김과의 악수도 좋은 기억으로 남아있다.

음악을 따로 전공하고 정식 음악교육을 받은 적도 없다는 그녀가 그렇게 아름다운 음성, 풍부한 성량, 독특한 창법으로 매력적인 노래를 부를 수 있는지 놀라움을 금치 못했다. 피나는 노력과 절제된 자기관리와 천부적인 재능으로 이루어진 성공적인 대형가수임에 틀림이 없다. 그녀는 말했다.

"이 공연이 끝나면 나는 자유다! I am free!"라고.

〈쇼생크탈출〉이라는 영화를 보면 시궁창 하수구를 통해 감옥을 탈출한 주인공이 억수같이 내리는 빗속에 우뚝 서서 팔을 벌리고 하늘을 향해 "I am free!"라고 외치듯이, 그녀는 두 팔을 벌려 "I am free!"라고 외쳤다.

55년 동안 무대에 설 때마다 두렵고 떨리는 스트레스, 공연을 앞두고 목소리에 이상이 있으면 어떡하나? 감기에 걸리지 않을까? 가사나 음을 잊어버리지 않을까? 제스처와 표정은 어떻게 해야 하나? 등의 걱정에 시달려 왔다는 것이었다. 오늘 공연이 끝나면 이런 걱정과 무대화장, 무대장치, 조명, 의상, 관객동원 등의 걱정과 고심도 이제는 안 해도 된다는 것이다. 체중조절 등 건강관리를 위해 못 먹었던 아이스크림, 피자, 고기를 이제는 마음대로 먹을 수 있다며 환하게 웃고는 "이제 모든 걸 내려놓고 싶다"고 말하는 그녀가 행복해 보였다. 그녀가 자기를 위해, 자기 노래를 좋아하는 팬들을 위해 얼마나 절제하고 인내하며, 얼마나 철저한 자기관리를 해왔던 것인가를 알 수 있었다.

나도 치과의사로서 나를 필요로 찾아온 환자들에게 얼마나 최선을 다했으며, 그들을 위해 얼마나 절제하고 인내하였는가, 또 얼마나 정확한 진료와 친절한 봉사를 해 왔는지를 되돌아보며 부끄러움과 후회의 정을 금할 수가 없었다.

공연이 끝날 무렵, 암 투병에서 최근에 회복된 여동생, 큰딸 정아와 사위, 작은딸과 사위, 손자, 손녀를 무대 위에 한 명씩 나오게 해서 소개하며 행복해 했다. 특히 외국사위와 딸 사이에 난 손자와 손녀가 서툰 한국말로 "축하 합니다!"라고 말할 때 손자, 손녀에게 키스하며 웃는 패티김에게 따뜻한 인간미를 보았다.

밝은 태양일수록 모든 정열을 불태우며 새빨갛게 지는 노을이 더 화려하고 아름답지 않은가. 자기 분야에서 최선을 다해 자기만의 길을 뚜벅뚜벅 걸어 아름답게 은퇴하는 그녀가, 70이 넘어 이제 은퇴를 하고자 하는 나에게는 부럽고 존경스럽기까지 했다.

녹색 재킷을 입고 온통 백발을 휘날리며 자기 분야에서 최선을 다하고, 데뷔 55년의 가수생활과 75세의 성공한 인생으로서 은퇴하는 그녀는 팬들을 향해 "내 사랑, 내 친구여! 내 죽어도 그대를 잊지 못하리! 평생을 사랑해도 아직도 그리운 사람이여, 그대 내 친구여!"라고 노래하곤 무대에 꿇어앉아 한참을 손으로 얼굴을 가리며 눈물짓다가 일어나 사랑하는 후배가수들과 일일이 악수하며 눈물로 꽃다발을 받았다. 객석의 관객들도 우는 사람이 많았다. 기쁨의 눈물이요, 감동의 눈물이요, 패티와 함께한 저들의 삶의 눈물이리라. 어린 손녀딸을 안고 손을 흔들며 "감사합니다. 감사합니다. Thank you so much!"하며 그녀는 무대 뒤로 사라져 갔다.

'어쩌다 생각이 나겠지! 그렇게 사랑했던 기억을 잊을 수는 없

을 거야, 잊을 수는 없을 거야.'

당신의 아름다운 노래를 통하여 많은 위로를 받고 그동안 너무 행복했습니다. 당신의 매력적인 노래와 모습은 우리들 가슴 속에 언제나 남아 있을 것입니다. 감사합니다!

굿바이, 패티김!

수필 전문 계간지 《에세이 포레》 수필 신인상 당선작
《치의신보》〈릴레이 수필〉란에 소개된 '굿바이 패티김'

걸어서 세계속으로

 오늘은 토요일이다. 옛날말로 반공일이다. 꽃놀이에 한창인 계절이다.
 나는 어김없이 오전 9시 40분 KBS1 TV에서 방영하는 프로그램 〈걸어서 세계속으로〉를 시청하기 위해 아내와 함께 TV 앞에 앉아있다. 한태주가 작곡한 〈물놀이〉라는 곡을 시그널 음악으로 시작되는 오카리나 연주를 들으면 내 가슴이 상쾌해진다. 정말 가벼운 발걸음, 즐거운 마음으로 세계를 누리는 그림이 그려진다. 2005년 11월 5일부터 방영되는 이 프로는 세계 각국 다양한 도시들을 여행자의 시각으로 바라보고 그들의 역사와 문화, 음식과 삶의 모습을 담은 교양 프로그램이다. 여행을 좋아하고 해외여행을 나름대로 많이 했던 우리 부부는 이제는 나이 들고 건강이 좋지 않아 여행은 힘들어졌고 이 프로를 통해 우리가 여행하는 것 같은 대리만족을 하고 있다. 때로는 우리가 여행했던 곳이 나오면 반갑고 추억에 잠겨보기도 하고, 한 번도 가보지 못한 나라의 대자연의 풍경이 나오면 너무 아름다워서 탄성을 지르기도 하며 그 나라 사람의 역사와 문화 그들의 삶이 너무 흥미로웠다. 오늘은 788회 차로서 북적북적 순박한 사람들이 사는 나라〈방글라데시〉편이었다. 고인이 된 전 대우그룹 김우중 회장이『세계는 넓고 할 일은 많다.』라는 명언과 책을 남겼지만 나는 "세계는 넓고 갈 곳은 많다."라고 말하고 싶다. 여하튼 나에게 여행은 설렘이다.

내가 여행 특별히 해외여행에 관심을 갖고 꿈을 키운 것은 우리나라 최초의 세계여행가 김찬삼 교수를 만나고부터였다. 1961년 내가 대학 2학년 차 되는 해라고 기억한다.

서울대학교 사범대학 강당에서 세계여행을 하고 왔다는 김찬삼이라는 사람이 수많은 사진과 함께 세계여행에 대한 강의를 한다고 해서 들으려고 갔다. 그 당시는 여행이란 말도 낯설고 특히 세계여행이란 말은 더더욱 생경스럽고 먼 나라의 꿈같은 이야기였다. 여권이란 단어도 잘 몰랐고 비록 여권이 있어도 비자가 없으면 여행도 할 수 없는 그런 시절이었다. 여행 경비도 문제였다. 그런데 그 어렵고 위험한 세계여행을 갔다 왔다니 얼굴이 시커멓게 그을린 그가 그렇게 위대할 수가 없었다. 그가 찍어 왔다는 사진은 더욱 신비스러웠고 재미가 있었다. 그 후 1950년대 말부터 시작된

여행기를 『세계의 나그네』라는 제목으로 일간신문에 연재하던 것을 모아 1972년 삼중당에서 양장본으로 낸 이래 1981년 10권으로 완간했고, 1986년 한국출판공사에서 다시 냈다. 난 이 김찬삼의 세계여행기 대륙별 6권의 책을 사서 숙독하고 많은 사진들을 보며 언젠가는 꿈에도 그리운 외국여행을 할 수 있다는 기대와 희망을 가지기 시작했다.

나는 군을 예편한 그해 1974년에 서울시 중구 퇴계로2가 남산동 입구에 〈김계종치과의원〉을 개원을 했다. 개업 다음해 8마리의 코끼리라는 뜻인 〈팔상회〉라는 대학동기동창모임을 결성하고 매달 회비를 내고 친목계 모임을 가졌다. 그 후 1년이 지나 개인의 사정에 의해 결원이 되어 7명이 모였는데 〈팔상회〉의 의미가 없어져서 이름을 거대한 코끼리들을 의미하는 〈거상회〉라고 명칭을 변경했다. 회장은 1년 임기로 가나다순으로 번갈아가면서 봉사했고 매달 돌아가면서 개업하고 있는 회원들의 치과의원에서 모였다. 회의 정관을 만들고 화장이 매달 회의를 소집하고 회비를 걷고 수입지출을 매월 보고하고 매달 회의 일지를 기록하였다. 회의를 하고 난 후 그 근처 맛집 식당에서 식사하고 2차로 술집으로 옮겨 술을 마셨다. 처음엔 친교를 주된 목적으로 모였지만 기금이 모아지고 보니 자금을 보통예금으로는 의미가 없고 부동산 투자는 위험성이 크다고 판단하고 부동산투자는 하지 않고 증권투자도 좀 하고 콘

도회원권도 사서 회원들이 이용도 많이들 했다. 회원들의 경조사는 물론 자녀들을 무조건 3명으로 간주해서 중학교, 고등학교, 대학입학금을 전액 지원하기도 했다. 가끔 회원들과 가족들이 함께 국내여행을 하는 등 회원들은 물론이고 그 자녀들이 친해져서 한 가족처럼 지내왔다. 직업이 같고 경제적으로도 비슷하여 시간이나 휴가를 동시에 낼 수 있어 해외여행도 뜻만 모으면 언제든지 가능했다.

이 거상회 모임은 1975년 4월 25일 시작해서 2011년 12월 29일까지 434회를 끝으로 36년 8개월 동안 필자가 초대회장으로 시작해서 마지막회장으로 마무리를 지은 행복하고 복된 모임이었고 내 인생의 가장 즐거운 추억의 한 토막이 되었다.

당시도 해외여행의 경우 초청비자나 각종 국제학회 초청장이 있어야 해당 국가의 대사관에 가서 인터뷰를 하고 어렵게 비자가 받고, 신원조회와 반공교육을 철저히 받은 후 여행이 가능했다. 1980년대 중반까지만 해도 일반인은 복수여권을 만들 수 없었고 해외여행이 필요한 경우 까다로운 심사 후 단수여권을 받았는데 이것은 한번 출국하고 귀국하면 무효가 되는 여권이었다. 1980년대 후반부터 조금씩 제한이 풀려 고령자부터 해외여행이 가능해졌고 1989년 1월 노태우 정권 때 해외여행 자유화 조치를 발표한 후로 여러 가지 여권 발급제한이 없어지고 일반국민들도 복수여권을 발급받아 해외여행을 자유롭게 할 수 있게 되었다.

드디어 때가 온 것이다. 처음부터 해외여행을 목적으로 만든 모임은 아니었지만 회비가 많이 적립되고 해외여행이 많이 완화되어 꿈에도 그리던 해외여행을 가기로 의논하고 우선 거상회 남자들 7명만 처음으로 가보기로 했다. 1988년 1월 29일부터 2월 5일까지 7박 8일의 일정으로 사상 처음 해외여행을 거상회에서 하게 된 것이었다. 개인사정이 갑자기 생겨 한 사람이 빠지고 6명의 회원이 아세아여행사의 도움으로 대만, 홍콩, 방콕여행을 했다.

김포공항 국제선으로 출발하여 대만에 도착했을 때 훅하는 뜨거운 열기와 특이한 열대지방의 냄새와 풍광은 잊을 수가 없었다. 특별히 국내에서 처음으로 하와이 패키지 투어를 기획 실행한 거상회 부부동반 하와이 여행은 정말 잊을 수 없는 감동적인 여행이었다. 꿈에 그리던 하와이는 진정 지상낙원이었다. 새들이 사람들 손바닥 위에 날아들고 바다 속에 물고기는 사람을 무서워하지 않고 바닷물 속에 있는 사람들 주위로 몰려 와서 팔 다리를 간지럼 태우고 있었다. 바닷가에 넘실거리는 파도와 수영하는 각양각색 인종들의 발랄한 모습과 흰 고층 호텔건물의 행렬은 말 그대로 천국 같았다. 우리 일행 중 대부분 비행기를 처음 타보는 사람들이 많았다. 한 친구는 비행기실내가 너무 춥다고 에어컨을 꺼달라고 소리치며 담요를 3장을 갖다달라고 해서 덮고도 덜덜 떨었던 해프닝도 있었다. 그로부터 거상회의 해외여행, 아니 나의 해외여행은 시작되었다.

나를 해외여행으로 이끌었던 팀으로 거상회 이외에 치과의사 선후배 동료로 이루어진 서광회(서운회) 해외여행, 대한치과의사회 합창단(덴탈코러스) 해외초청 연주회여행, 기독실업인회(CBMC) 해외 지회창립여행 등으로 적지 않은 해외여행을 했던 행운을 얻었다. 우물 안 개구리 같았던 나의 좁은 시야는 해외여행을 함으로써 그 넓이와 깊이가 더해 삶을 바라보는 지혜와 지식이 풍성해지기도 했다. 지금까지 오십여 년의 우리부부의 결혼생활 중 별로 호강은 시켜주지 못했지만 아내에게 내세울 만한 일은 많은 해외여행을 시켜주었다는 것이 큰 자랑이 되었다.

때로는 여러 군데를 보기 위해 주마간산(走馬看山) 식으로 파노라마처럼 한 곳이라도 더 보려고 관광 위주의 여행도 있었지만 나이 들어가면서는 한곳에 머물러 휴식과 휴양으로 쉼을 즐기는 여행도 있었다. 여하튼 여행이란 돌아갈 집이 있기에 더 즐거운 것이다. '진정한 여행이란 새로운 풍경을 보는 것이 아니라, 새로운 눈을 가지는 것에 있다.'라고 마르셀 프루스트는 소설 〈잃어버린 시간을 찾아서〉에서 말하고 있다. 그렇다. 여행을 통해서 새로운 눈을 뜨는 것이다. 보는 것만큼 알 수 있는 것이다.

지금도 여행에 대한 갈망은 많지만 나이가 들어가면서 모든 여건 특히 다리가 불편하여 잘 걷지 못하는 관계로 이렇게 〈걸어서 세계속으로〉 프로를 통해 대리만족을 하고 있다. '걸어서' 세계

속으로 갈 수가 있지만 '걷지 못하면' 세계 속으로 갈 수가 없는 것이다.

여행을 뜻하는 영어 단어 'travel'의 어원은 'travail(고통, 고난)'이다. 여행이 고통이나 고난이 아닌 쾌락이나 오락으로 여겨지게 된 건 교통수단이 발달하게 된 19세기에 이르러서였다. 예컨대 1780년만 해도 영국 런던에서 맨체스터까지 역마차가 가는데 4~5일이 걸렸지만, 1880년에 나타난 기차는 그 시간을 5시간으로 줄여 주었다. 비행기의 속도는 점점 빨라지고 있다. 인간은 과거 여기저기 떠도는 유목민(nomad) 시대를 거쳐서 정착생활을 하게 되었지만, 이제 21세기를 맞아 다시 유목민으로 돌아간다는 말이 나올 정도로 해외여행은 일상의 삶 속에 뿌리를 내리게 되었다.

해외여행을 다녀온 사람과 아닌 사람과의 차이는 분명 있다. 그리고 세상만사에 때가 있듯이 여행도 다 때가 있다. "가슴이 떨릴 때 떠나라 다리가 떨리면 늦다."라는 말이 있다. 그래서 여행이란 하루라도 젊었을 때, 하루라도 다리가 튼튼할 때 많이 하라고 진정으로 권하고 싶은 것이다.

여행이라는 것은 그 자체로도 훌륭한 경험이지만 누구와 같이 여행하느냐에 따라 또한 맛이 다르다. 여행은 용기 있는 자만이 맛볼 수 있는 또 다른 삶의 별미인 것이다.

여권을 들고 비행기를 타는 여행만이 아니라 삶이라는 여행을 통해 더 깊은 영감을 얻는다.

여행은 내가 익숙하게 살고 있는 땅과 그저 그렇게 살고 있는 일상이 얼마나 소중한 것인지를 다시 한번 깨닫게 해주는 삶의 조미료 같은 것이다.

나는 그래서 늘 꿈꾼다. 여행하는 꿈을.

꽈배기

철쭉꽃이 온천지에 가득한 사월 어느 날, 다섯 살이 된 손자 손을 붙들고 맛있는 간식을 사주려고 동네 근처에 있는 제과점에 들렀다. 손자는 맛있고 모양 좋은 빵들을 제치고 백설탕 가루가 잔뜩 뿌려진 꽈배기 도넛을 골라 들었다.

"어! 이놈 내 손자 맞네."

이렇게 사소한 것까지 할아버지인 나를 닮은 손자가 신기하고 흐뭇했다. 나 역시 삼시 세 때 밥 먹기도 어려웠던 유년부터 팔십을 바라보는 지금까지 꽈배기에 대한 사랑을 거두지 못하고 있다.

꽈배기는 밀가루를 반죽하여 길게 늘어뜨려서 두 가닥을 8자 모양으로 몇 번 꼬아 식용유에 튀겨내고 겉에 설탕을 뿌려낸 튀김 빵의 일종이다. 지금은 찹쌀을 섞어 먹기에 부드럽지만, 옛날엔 딱딱하게 튀겨서 빵집보다는 길거리 포장마차나 노점 같은 데서 많이 팔았다. 맛있는데 가격마저 싼 꽈배기를 나는 무척 좋아했다. 그 꽈배기를 손자도 좋아하다니! 꽈배기를 두 손에 들고 입가에 설탕을 묻혀가며 맛있게 먹는 손자를 바라보다가 먼 기억 속의 에피소드를 떠올렸다.

나는 삼남삼녀 육남매 중 맏아들이다. 그래서 우리 집안의 기둥으로서 꼭 성공해서 집안을 일으키고, 장남으로서 오빠와 형 노릇을 잘해야 한다는 부모님의 과분한 기대와 바람을 한몸에 받으며 성장했다.

내 바로 아래로는 세 살 터울인 해방둥이 누이동생이 있다. 성질이 급하고 화를 잘 내는 내 성격과는 반대로 언제나 누님같이 어른스럽고 침착한 성품을 지녔다. 곧잘 오빠인 나를 추켜세우며 칭찬도 인정도 잘 해주고 때론 진심 어린 충고도 잊지 않는, 늘 나를 기분 좋게 하는 누이다. 둘 다 칠십이 넘은 지금까지도 내 이야기를 그렇게 재미있어하고 열심히 들어주는 영원한 내 팬이기도 하다.

1961년 5.16 군사 쿠데타가 일어나고 지방 도시 공무원이었던 아버지가 갑자기 퇴직당하면서 집안 형편이 기울기 시작했다. 세상 물정 모르고 공무원 생활만 했던 아버지는 한 번의 사기피해와 한 번의 사업실패로 인해 완전 실의에 빠져버렸다. 그전까지는 그런대로 유복하게 자랐던 우리 형제자매들도 그 형편과 처지가 어렵게 되었다.

1962년 그 당시 K시 여고 졸업반이던 누이동생은 서울대학을 다니던 오빠의 뒷바라지도 힘든 가정형편을 고려해 대학진학을 과감히 포기했다. 대신, C방직회사 사무직 공개채용시험에 응시해 일등으로 합격했다. 졸업을 서너 달 앞둔 10월에 누이는 학교 측의 배려로 먼저 직업전선에 뛰어들게 된 것이다.

그 당시 우리나라는 배고프고 못 살던 시절이었지만 부모들의 자식에 대한 교육열은 높아 대개 고교졸업을 하면 서울에 있는 대학이든 지방에 있는 대학이든 고교졸업생 대부분이 대학입학시험을 치고 대학에 진학하는 사람들이 많았던 시절이다. 형편이 더 어려운 시골에서도 딸보다는 아들을 잘 가르쳐야 집안을 일으킬 수 있다는 남아선호사상이 관습적으로 내려오던 때이기도 했다. 어떠한 일이 있어도 아들은, 특히 맏아들은 밭을 팔고 소를 팔아서라도 꼭 대학에 보내야 했다. 그래서 여중이나 여고를 졸업한 사람들은 가족의 생계나 오빠나 남동생 뒷바라지를 위해 일찍이 직업전선에 뛰어들어 주로 열악한 환경의 공장에서 여공으로 죽기 살기 돈 벌기에 자신을 희생해야 했다. 생각건대 오늘날 대한민국이 세계적인 경제 대국으로 성장할 수 있었던 것도 그 시절 여공들의 눈물겨운 희생이 있었기에 가능했으리라.

누이동생은 반에서 1, 2등을 다툴 정도로 공부를 잘했다. 서울의 E여대에 합격할 수도 있는 실력이었다. 그런 그녀가 가고 싶은 대학을 포기하기란 참으로 어렵고 힘든 결정이었을 것이다. 노랗게 물든 은행잎이 바람에 휘날리는 어느 가을날, 정들었든 친구들과 교정을 떠나야 하는 날이 왔다. 그날 누이는 60여 명 되는 급우들에게 꽈배기 하나씩을 돌리고 이별을 고했다.

"친구 여러분, 나는 대학진학을 포기하고 내 가족과 장래를 위해 직업전선에 뛰어들어 직장여성이 되기로 했습니다. 여러분은 꿈을 버리지 마시고 열심히 공부해서 다 원하는 대학에 가서 앞으로 행복한 인생을 보내기를 바랍니다. 그동안 너무 정답게 잘 대해줘서 정말 고마웠습니다. 저는 갑니다. 친구들 안녕!"

이별의 말이 끝나자, 늦은 오후의 교실 안에는 잠시 고요한 적막이 흐르다가 한 사람씩 흐느끼는 소리가 나기 시작했다. 길가에 굴러가는 말똥만 보아도 깔깔대며 웃던, 감수성이 넘쳐나던 육십여 급우들이 다 식어버린 꽈배기를 들고 어깨를 들먹이며 흐느껴 울었던 것이다.

눈물 젖은 꽈배기를 먹으며 석별의 정을 나누었던 소위 '꽈배기 파티'는 한동안 그 여학교에 아름다운 이야깃거리가 되었다고 한다. 어떻게 그런 멋있는 꽈배기 파티를 생각해 냈는지, 왜 하필 꽈배기를 가지고 했는지 본인도 잘 모르겠다고 했지만 난 누이가 그렇게 대견할 수가 없었다.

사람 팔자 모른다. 8자 모양으로 꼬아 만든 꽈배기에서 자기 인생 팔자가 꼬인 모양이 은연중 느껴져서 그걸 가지고 이별 파티를 하지 않았나 싶다. 물론 그 당시 꽈배기가 싸고 맛있어 손쉽게 살 수 있었기 때문이기도 했겠지만.

그 후 누이는 꽈배기처럼 꼬인 8자를 역순으로 잘 풀어나가서 인지는 몰라도 인생이 술술 잘 풀려나가는 것 같았다. 누이는 처음 들어갔던 방직회사를 몇 개월 다니다가, 집을 팔고 K시를 떠나는 가족들과 함께 서울로 이사하는 바람에 그만두게 되었다.

서울로 올라온 누이는 재수를 해서 원하던 E여대 신문방송학과에 합격하여 입학식을 하고 훌륭한 기자가 되는 꿈에 부풀어 열심히 학교에 다녔다. 그러나 누이의 꿈은 거기까지였다. 부모님은 어렵게 입학등록금을 해주며 원이나 없이 한 학기라도 다녀보라고 한 것이다. 누이는 열심히 공부해서 장학금을 받거나 가정교사를 하거나 해서 학업을 이어 다닐 수도 있으련만 미련 없이 휴학하고 그만두었다. 누이는 그 후 대한민국 굴지의 D교육보험회사에 취직해서 오빠 대신 가계도 도왔고 오빠나 동생들의 학업도 뒷바라지했다. 덕을 많이 쌓고 마음씨가 고와서 그런지 좋은 신랑 만났다. 2남 1녀를 낳고 잘 길러 일류대학 보내어 시집 장가 다 보내고 지금은 5명의 손주를 두고 교회 잘 다니며 여생을 보내고 있다.

하지만 오빠인 나는 그렇게 집안이나 오빠를 위해 학업을 포기한 누이에게 늘 미안하고 고마운 마음을 간직하고 있다. 본인은 후회도 미련도 없다고 했지만, 누이가 학업을 포기하지 않고 꿈을 향해 달려가서 대학을 나와 훌륭한 여기자가 되었더라면 오늘날 더 보람되고 행복한 삶을 살았을지도 모른다는 아쉬움이 늘 남아 있다.

다 식은 눈물의 꽈배기를 먹으며 석별의 정을 나누었던 누이동생의 친구들- 지금은 칠십이 넘은 할머니들이 다 되었겠지만- 그 때 그 꽈배기 파티를 기억이나 할는지 궁금하기도 하다.

"할아버지 이것 맛있지요?"
"응, 맛있다."
"근데 이름이 뭐야?"
"꽈배기다!"
"왜 꽈배기야?"
"비비 꼬여서 꽈배기란다. 할아버지도 어렸을 때부터 좋아했단다."
"아아, 그렇구나!"
제법 어른스럽게 고개를 끄덕인다. 손자의 인생은 꽈배기같이 꼬이지 않았으면 좋겠고 혹여 꼬이고 꼬인 인생이라도 인내와 지혜로 잘 풀어내어 행복한 인생을 살았으면 하는 것이 이 할아버지의 바람이다.

엄마도 아빠도 할머니도 준다며 꽈배기 봉지를 안고 집으로 돌아오는 손자 얼굴에 따뜻한 봄바람이 부드럽게 스쳤다. 봄날이 가고 있었다.

2016년 4월.

뻐꾸기시계

우리아파트 거실에는 오래된 뻐꾸기시계가 하나 걸려있다. 벽에 그림이나 족자나 가훈이나 가족사진 등 이것저것 지저분하게 걸려있는 것을 싫어하는 집사람이 유일하게 허락한 벽시계이다. 짙은 갈색 나무로 조각한 전체적인 모양이, 지붕이 있는 숲속의 새 집모양에, 좌우로 왔다 갔다 하는 시계추가 밑에 달려있고 긴 솔방울 모양의 시계불알 두 개가 사슬로 길게 늘어져 있다. 중앙에 동그란 숫자판에 시침과 분침이 자리하고 있고 그 바로 위에, 세로로 문짝 두 개가 있는 뻐꾸기 집이 있고 조금 아래에 좌측 베란다에는 바이올린을 연주하는 서양 노인의 연주자가 있고, 우측베란다에는 첼로를 연주하고 있는 역시 서양 노인으로 보이는 연주자의 모습이 있다. 시간이 되면 뻐꾸기 집 문이 좌우로 열리고 뻐꾸기 한 마리가 나와 날개를 시간 숫자대로 펄럭이며 "뻐꾹"하고 울면 따라서 작은 소리로 산울림처럼 "뻐꾹"하며 운다. 뻐꾸기소리는 꺼짐, 대, 중, 소로 되어 있고 낮이나 전등불빛이 있으면 시간 맞춰 울지만, 밤이나 전등불이 없는 캄캄한 곳에서는 울지 않는 야간울림 조정 버튼이 있고 울림 맞춤버튼도 시계 옆에 붙어 있다. 가로 45센티 세로 80센티 정도의 이 아름다운 벽시계는 거실 중앙에 무게감 있게 걸려 있고, 시계추가 소리 없이 좌우로 왔다 갔다 하며 시계가 살아있음을 보여주고, 시간이 되면 청아한 뻐꾸기소리가 시간 숫자대로 온 집안에 울려 퍼진다. 그러면 우리는 나무가 울창한 숲속으로 아름다운 산책을 떠나는 시간여행을 시작하는 것이다.

우리 아버지 형제는 오형제였는데, 나는 한 번도 얼굴도 본 적이 없는, 마지막 동생이 십대에 사망해서 사형제가 살아있었다. 아버지는 셋째인데 마지막 넷째 동생과 그렇게 우애가 좋았다. 아버지는 슬하에 우리 육남매(삼남삼녀)를 두셨고 작은 아버지는 슬하에 첫 번째 부인에서 둘째 쌍둥이를 포함 오형제를, 상처하고 난 후 두 번째 부인에서 일남일녀를 두어 도합 칠 남매를 두었다.

두 분은 밀가루 음식을 좋아하셔서 서울과 전주를 오가며 우동, 자장면, 짬뽕, 만두, 라면, 칼국수 등을 즐기셨고 만나시면 뭐가 그렇게 좋은지 술도 못하는 두 분은 밤새도록 옛 이야기를 하시면서 웃고 떠들며 한 밤중이라도 의기투합하시면 만두나 우동, 수제비를 드시곤 했다. 서로 낚시도 좋아하셔서 전주 작은 아버지가 비온 뒤 낚시를 하기 좋은 물때가 되면 작은아버지는 "적기(適期)"라고 두 글자 전보를 치시면 아버지는 "몇 월 며칠"하고 전보로 응답한다. 그때는 형편이 좋은 집에나 전화가 있었고 시외전화도 비싸 긴급 이외는 우체국을 통해 겨우 할 수가 있었던 시절이었다. 전보 받은 다음날 아버지는 장남인 나에게 오셔서 용돈을 타가지고 낚시도구를 챙겨 고향으로 내려가셔서 작은 아버지와 낚시를 하며 몇날 며칠을 같이 지내곤 했다. 아버지와 작은 아버지는 행복해 보였다.

내가 태어났을 때 제일 기뻐하신 분도 그 당시 총각인 작은 아버지셨고 너무나 예쁘고 귀여워 주머니에 넣고 다녔으면 좋겠다는 말을 많이 했다고 어머니에게 자주 들었다. 많은 조카들 중에서도 유난히 나를 더 예뻐해 주셨다.

내가 치과의사가 되었을 때도 제일 기뻐하셨고 전주에서 서울까지 올라오셔서 나에게 치과치료를 받고 아버지와 반갑게 만나 회포를 풀곤 했다. 작은 아버지는 그동안 나에게 크라운, 브리지, 반 틀니도 하시다가 급기야는 회갑이 되셨을 때 치아가 하나도 없는 상 하악 무치악상태가 되었다. 마음먹고 완전틀니를 잘 해드렸더니 말년에 식사도 잘하시고 완전 만족하시면서 나에게 고맙다고, 자기 쌍둥이 아들이 하는 시계와 금은방, 귀금속상점에서 제일 좋은 뻐꾸기벽시계를 선물하였다.

감사하며 받은 뻐꾸기시계는 예쁘기도 하고, 시간이 되면 뻐꾸기 집이 열리고 뻐꾸기가 나와 시간 숫자대로 날갯짓을 하며 뻐꾹 뻐꾹하며 잘 울어 청아한 목소리에 흠뻑 젖곤 했다. 우리 손자가 태어난 지 백일하고도 사십일 만에 할아버지 집에 왔는데 울다가 뻐꾸기시계가 울리면 뚝 그치고 방긋방긋 웃었다. 난 신기해서 시간만 되면 손자를 안고 들어 올려 뻐꾸기가 날갯짓을 하며 우는 모습을 보여주곤 했다. 내가 시간을 놓치면 손자는 나를 보고 안아 올려 보여 달라고 하부지 하부지하면서 불러대곤 하는 그 모습이 너무 귀여웠다. 그래서 그 시계로 인해 손자와의 아름다운 추억을 쌓게 되었다. 사람은 때가 되면 죽어 하늘로 돌아가지만 이런 시계나 물건은 사라지지 않고 그에 얽힌 사람들의 추억으로 남게 되며 전해지는 것이다.

　아버지도 작은아버지도 다들 이 세상에 계시지 않지만 선물 받은 지 사십여 년이 넘은 지금도 시계는 시간이 정확하게 돌아가고 뻐꾸기는 청아하게 울어댄다.

　인생을 낭비하지 말고 시간을 잘 관리하고 살라는 뜻으로 작은 아버지께서 나에게 이런 의미 있는 뻐꾸기벽시계를 선물하시지 않았나 싶기도 해서 가끔 나 자신의 그간의 삶을 돌아보기도 한다.

　뻐꾸기가 울 때마다 손자생각과 더불어 돌아가신 작은 아버지가 그립고 보고 싶다.

　사람이 어찌할 수 없는 시간은 끊임없이 흘러가고 역사의 수레

바퀴는 여전히 돌아가는 것이다. 그러나 짧은 인생은 사랑이라는 이름의 삶이 있기에 더욱 아름답고 영원한 것이 아닐까.

뻐꾸기시계

김계종

벽에 걸린 시계 속 나무둥지에

뻐꾸기 한 마리 비틀어진 시간을 먹고

하늘을 꿈꾼다.

어둠 깊은 곳에서 더 이상 주체할 수 없는 슬픔이

북받쳐 올라 목울대를 칠 때

비로소 울음이 완성된다.

약속의 시간 열린 문을 박차고

자식을 버린 어미를 저주하며

뻐꾹! 뻐꾹~ 뻐꾹! 뻐꾹~

청아한 울음소리 한번 피맺힌 울음소리 한번

남의 둥지에 버려진 기막힌 생명은 전설이 된다.

눈물도 말라버리고 사연도 희미한데

헛되도다! 헛되도다!

나그네 세월 뻐꾸기 나이 오십이다

울던 손자 울음 뚝 그치고 방긋방긋 웃는다.

할아버지 틀니가 덜그럭거린다.

부서진 날개 안간힘 다해

단 한 번의 날갯짓으로

허공을 꿈꾼다.

약속의 공간 문 닫고 들어가면

님을 향한 그리움

휘어진 공간에 시간은 강물이다.

소눈깔

산본역에서 4호선 당고개 행 전철에 올랐다. 3월초 꽃샘추위로 바깥 날씨는 바람이 불고 약간 쌀쌀했지만 전철 안은 따듯했다. 더구나 경로석에 앉으니 바닥이 뜨듯하게 데워져있어 졸음이 올 정도로 몸이 나른해진다. 나는 지금 '욕망이라는 이름의 전차'가 아닌 '우정이라는 이름의 전철'을 타고 그를 만나러 가고 있다.

선바위역에서 내렸다. 그는 개찰구 앞 중간에 우뚝 서 있었다. 자기 눈은 잘 보이지 않아 사람을 분별할 수 없으니 내가 알아보고 아는 체 하라는 것이었다.

"어이 소눈깔"하며 포옹하기까지는 그는 나를 알아보지 못했다.

모든 직선이 물결처럼 출렁이게 보인다며 계단 옆 지지대를 잡고 조심스럽게 걸어 2번 출구를 빠져 나왔다. 봄볕이 눈부셨다. 인도를 따라 조심스럽게 산책하듯 '남태령' 쪽으로 백 미터쯤 걸어서 '원주 추어탕 집' 식당 문을 밀고 들어갔다. 정오라 손님이 많았다. 2층으로 안내되어 마주보고 앉았다.

그와 나는 순수하고 철없던 중학교시절에 만났다. 더구나 같은 반 짝꿍으로, 키 순서로 번호를 정해, 제일 작은 학생이 1번으로 앞줄부터 차례대로 앉았는데 우리는 15, 16번으로 60여명의 급우 중에 작은 편에 속해 둘째 줄이나 셋째 줄에 앉곤 했다. 유난히 하얀 얼굴에 눈이 부리부리하게 크고 눈썹이 길고 숱이 많아 쇠눈 같다고 해서 '소눈깔'이라는 별명으로 놀리듯 불렀다. 누이들이 많아서 그랬는지는 모르지만 우리 또래에 비해 성적으로 조숙한 편이었다. 그는 장난치는 것을 좋아하고 말을 잘하고 명랑한 편이었지만, 순하고 우직한 황소의 눈을 닮은 커다란 그의 눈은 항상 슬퍼보였다.

나는 어릴 때부터 영화 보는 것을 너무 좋아했다. 어느 날 세 명의 동네친구와 극장에 몰래 들어가 '버트 랭커스터' 주연의 '백인 추장'이라는 학생 관람불가 서부극을 보고 나오다 훈육주임 선생님에 걸려 무기정학을 당해 집에 근신하고 있었다. 그때 그는 그 날그날 학교에서 배운 것을 노트정리를 잘해서 고맙게도 나에게 가져다주기도 했다. 6인치가 아닌 8인치나 되는 아버지의 자전거를 가지고, 중학생의 짧은 다리로 힘겹게 자전거 타는 법을 가르쳐 준 것도 그 친구였다. 그는 중학교를 졸업하고 고등학교 입학 시험을 보는 과정에서 뭔가 잘못해서 퇴장당하는 바람에 전기 인문고등학교를 가지 못하고 후기 실업고등학교로 진학했다. 그때 그의 인생은 그가 원했던 길이 아닌 엉뚱한 길로 들어섰는지도 모른다는 생각을 했다.

중학교를 졸업한 이후로 우리는 헤어졌다. 그리고 그는 잊혀졌다.

그로부터 20년이라는 세월이 흐른 후 어느 날, 퇴계로 2가 남산동 입구에 개업하고 있던 내 치과 클리닉 문을 열고 그 친구가 들어섰다. 헝클어진 머리, 검은 작업복, 멋대로 구겨 신은 흙 묻은 농구화, 굳은 살 박힌 거친 손, 그의 선하고 커다란 소눈깔이 아니었으면 그가 누구인지를 알아채지 못했을 것이다. 오랜 세월동안 그가 살아온 젊은 날과 내가 살아낸 젊은 날이 갑자기 조우했음에도 불구하고 하나도 어색하거나 생경스럽지가 않았.

자연스럽게 그 옛날 어린 시절의 동무의 감정으로 돌아갈 수 있었다.

그날 이후부터, 그는 야생마처럼 제멋대로 자유분방하며 파란만장하게 살아온 그 동안의 삶을 나에게 어쩌면 자랑스럽게, 어쩌면 조심스럽게 조금씩 아주 조금씩 털어놓기 시작하면서 우리의 우정은 이어지기 시작했다.

그의 가치관과 인생관이 나와 마주 충돌하기도 하고, 서로 양보하기도 했다. 오해와 편견으로 얽히기도 하고, 이해와 아량으로 서로 인정하고 존중하기에 이르렀다. 그는 아주 단순하고 간결하며 무엇에 얽매이지 않고 자유롭게 살았다. 마치 '그리스인 조르바'처럼.

때로는 그가 부러웠다.

그는 나에게 "어이 용광(나의 호), 자네는 왜 그렇게 인생을 복잡하게 살고 있나? 왜 자신을 이 세상의 틀 속에 자꾸 밀어 넣고, 그 소속감에 만족해하며 허탄한 명예를 즐기려 하는지 이해할 수 없네. 원장, 회장, 의장, 박사, 장로, 시인, 수필가, 그것들이 자네에게 무엇을 의미하는 것인지 잘 모르지만, 자네의 인생에 진정한 행복을 주는 것이 무엇인지 잘 생각해 보게. 모든 것 다 내려놓고 단순하게 살아보게."

그 친구의 말대로 나는 정말 앞만 바라보며 열심히 달려오기만 한 것 같다. 너무 복잡하게 살아오지 않았나 싶었다. 왜 간단하고 단순한 것을 너무 심각하게 깊이 생각하며 살아왔는지 모르겠다. 인생은 속도보다 방향인 것을. 여유 있게 옆도 보고 뒤도 보며, 버릴 것은 버리고 내려놓을 것은 내려놓아야하는데, 잔뜩 쥐고 사는 것이 잘사는 것이라고 믿고 살아온 것이 아닌가 싶었다.

그와 만나면 나는 주로 이야기를 듣는 편이었다. 그는 내가 보고 싶으면 언제든지 달려 왔다. 그의 직업은 내가 알기론 수십 가지나 되었는데, 제일 적성에 맞고 즐겁게 하는 일은 집을 지어 파는 집장사(?)였다고 생각된다. 집의 설계는 건축설계사에게 맡기고 그는 일꾼들을 우선 믿고 일을 맡기기 때문에 그들이 양심껏 성실하게 일을 할 수밖에 없었다. 친구들의 집도 몇 채 지어 주었는데 '이런 식으로 집지어 밥이라도 먹겠나.' 싶게 너무 양심껏 지어주어 엉뚱한 오해(?)를 받은 적도 많았다. 친구들은 "이 시대에 이런 골동품도 있었나."하며 진짜 '진국'이라고들 했다. 나를 만난 후부터, 그동안 중학교 졸업 후 소식 몰라 소원했던 중학교 동기동창 다른 친구들과도 만나게 되어 잘 지내는 것 같았는데, 무슨 연유인지 어느 날 갑자기 집전화도 바꾸고 일절 연락을 끊고 잠적해 버렸다.

얼마의 세월이 흐른 후 불쑥 나를 만나러 왔고 그간의 소식도 들려주지 않고 핸드폰 전화번호만 알려주고 이렇게 말하며 사라졌다.

"내 전화번호는 자네밖에 아는 사람이 없으니 다른 사람에게는 절대 알려줘서는 안 되네. 그럴 땐 자네와도 절교할 것이네."

황당했지만 그는 왜 그러는지를 물을 틈을 주지 않았다. 나중에 미루어 알게 되었지만, 일류대학을 나와 훌륭한 학벌에, 사회적으로 알아주는 좋은 직장과 직업을 가지고 있던 다른 중학교 동기 친구들의 멸시와 천대와 말투가 그런 것에 자유로웠던 그의 자존심을 상하게 했을 뿐만 아니라 애서 외면해버렸던 열등의식을 불러일으킨 것 같았다. 그런 놈들 안 만나면 되지 내가 왜 그런 속물 같은 인간들에게 무시와 멸시를 당하면서 살아야 하나? 그도 평범한 인간이었다. 다시 그는 고고하지만 외로운 그만의 섬 속으로 들어가 버린 것 같았다.

어떤 날에는 불쑥 내 클리닉에 와서 실컷 떠들고 이야기하다 가면서 이런 말도 남겼다.

"용광, 이 세상에서 내 친구는 자네밖에 없네. 보잘것없는 나를 친구로 대해주고 내 이야기를 그렇게 진심으로 들어 주어서 언제나 고맙네."

'이 세상에서 자기 이야기를 허심탄회하게 다 이야기할 수 있고 그걸 열심히 들어주는 단 하나의 친구가 있는 사람은 행복하다.'라는 말이 있다. 우리는 서로 나누는 대화를 통해 소통하며, 서로가 그동안 살아오면서 나름대로 받은 수많은 상처를 서로를 통해 치유하고 있었던 것이다.

불현듯 나는 '헤르만 헤세의 〈지성과 사랑〉'에서 '나르치스와 골트문트'의 우정이 생각이 났다.

진정한 우정은 믿음을 바탕으로 하는 진실한 인격사이에서만 생긴다는 말이 맞는 듯했다.

서로 다른 인생관, 가치관, 서로 다른 살아온 경험들이 진정한 대화를 통해 부드럽게 조화를 이루면서 서로를 인정하고 존중하며 선을 이루어 갈 수 있다는 신념이 '우정이라는 이름의 전철'이 앞으로 달려 나갈 수 있는 원동력이 아닌가 싶다.

며칠 전 핸드폰도 아닌 집전화로 그 친구가 전화를 해왔다.
"어이 용광, 자네 얼굴 좀 보고 싶으니 만나세. 내 눈 상태가 점점 안 좋아지고 있네. 다른 것은 다 참고 받아들이기로 했지만, 자네의 모습을 볼 수 없다는 사실은 참을 수가 없네. 자네 곱게 늙은 얼굴, 조금이라도 보일 때 한번이라도 더 보고 마음속에 간직하고 싶네."
친구의 병명은 '황반변성'이었다. 안과전문의도 그 질환의 발병 원인도 모른다고 했고 그냥 나이 먹은 노인에게 올 수 있는 병으로 딱히 수술이나 다른 치료법도 없다며 상태가 더 나빠지면 급기야는 실명할 수밖에 없으며 돌이킬 수 없는 병이라 했다. 지금 상태를 유지하기 위해서 눈에 직접 주사를 주입하는 방법도 유명한 대학병원 안과에서 여러 차례 받았지만 별로 효과도 없고 진료비만 많이 들었다고 했다. 그는 빛을 잃어 가고 있었다. 애써 내색은 안 했지만 그만의 삶에 대한 희망도 잃어가는 듯 보였.

나는 그 친구를 어떻게 도와 줄 수도 없어 안타까웠다. 딱히 위로의 말밖에 할 수가 없었다.

"어이 소눈깔! 자네는 다른 사람보다 눈이 커서 이제까지 살면서 볼 것, 안 볼 것 많이 보았으니 조물주께서 이제 그만하면 많이 보았으니 더 볼 것도 없다. 지금부터는 육안(肉眼)의 눈이 아니라 마음의 눈(心眼)으로 보거라! 하는 것 아니겠나? 다 신의 섭리이니 우리처럼 약한 피조물이 어쩌겠는가, 순종하며 살아야지."

내 어설픈 위로의 말이 친구에게 어떻게 받아들여졌는지 모르나 그는 더없이 밝고 낙천적으로 말했다.

"죽을 수밖에 없는 암이나 불치의 병으로 고통과 절망 속에 있는 사람들도 많은데 나야 그들에 비하면 이 정도는 아무것도 아니지. 팔십을 바라보는 이 나이까지 다른 덴 멀쩡하고 건강하며 단지 눈만 안 보이는 난 축복 받은 사람이라는 생각이 드네. 고맙고 감사하지. 딱 하나 제일 아쉽고 섭섭한 것은 자네의 모습을 더 이상 볼 수 없다는 데 있네. 그러나 자네의 말을 들을 수 있는 귀가 있고 자네의 손을 잡고 느낄 수 있는 건강한 몸이 있다는 것이 천만다행이지."

그는 아직은 흐릿하지만 형체는 어슴푸레하게 보인다고 했다. 그의 밝은 모습은 여전했고 그의 눈은 여전히 소눈깔 그대로였다. 이런 아름다운 눈이 빛을 잃어가는 청맹과니가 되어가다니. 내가 식탁에 수저를 놓으려 할 때도 그가 했고 포기김치를 가위로 자르려 할 때도 빼앗아 자기가 하면서 아직은 이런 것 다 할 수 있다고 하는 그를 물끄러미 바라보고 있었다. 어떻게 하면 나의 모습이 그의 마지막일지도 모르는 육안 속에 아름답게 맺힐 수 있을까를 생각하며 그가 좋아하는 보조개가 예쁜 내 미소를 애써 활짝 지어 보였다.

추어탕은 국물이 진하고 양도 많아 맛이 있었다. 이제 언제 마주 보고 식사를 할 수 있을까 혼자 말처럼 하며 식사비도 그가 지불했다. 식당을 나와 주위에 커피숍이 없어 다시 선바위역에서 전철을 타고 사당역에서 내려 부근 맥도날도 카페에서 커피를 마셨다. 그 친구는 평소보다 약간 들뜬 것 같이 보였다. 그가 열심히 이야기하는 중간 중간에 '그렇지, 그랬구나, 그럴 수 있지'라는 추임새로 그의 흥을 북돋아 주었다.

"나는 그동안 이 크고 선한 눈으로 볼 것, 못 볼 것들을 가리지 않고 무조건 닥치는 대로 눈을 혹사했지. 선하고 아름다운 것만 보며 살아도 짧은 인생인데 후회가 되네. 자네는 남은 인생 그 좋은 눈으로 선하고 아름다운 것 많이 보게나. 난 이 세상에 자네를 단 하나뿐인 내 친구로 두어서 얼마나 행복한지 모르네. 고맙네."

그 동안 나는 그의 좋은 친구였는지? 나와 다른 그의 인생이야기를 들으며 그의 자유로운 영혼을 느끼며, 그의 운명을 자연스럽게 받아들이는 순종의 미(美)를 보면서 나도 남은 인생 자연에 순종하며 겸허하게 살아야겠다는 다짐을 해 보았다.

눈은 마음의 창(窓)이라 했다. 눈은 거짓말을 못한다고 했다. 눈을 보면 그 사람의 진심을 알 수 있다고도 했다. 사람의 몸이 천냥이면 눈이 구백냥 이라고도 했다. 인체의 어느 한 부분 귀중하지 않은 것이 없지만 나는 눈만큼 귀하고 소중한 것이 없다는 생각을 해본다.

우리는 소중한 그 무엇을 하나 잃으면 또 다른 그 무엇을 얻기 마련이다.

사당전철역에서 포옹하며 "조심해서 잘 가게. 또 보세. 아니 또 만나세."라며 우리는 헤어졌다. 백발의 어깨 축 쳐진 그의 뒷모습이 퇴근시간 복잡한 전철 안으로 사라지는 것을 나는 오랫동안 지켜보았다.

2018년

슬기로운 군포생활

　계절의 여왕 오월의 푸른 신록이 싱그럽다. 아파트 베란다 창가에 서서 바라보는 수리산(修理山)자락은 오늘따라 더욱 푸르고, 아름답고, 새삼 정겹다. 수리산은 생김새도 아기자기한 태을봉(480m)을 정상으로, 동북쪽은 옛 벼슬아치의 관모를 연상케 하는 관모봉(426.3m), 서남쪽에 슬기로운 슬기봉(451.5m)이 군포시를 두 팔로 안은 듯 살포시 감싸고 있는 명산으로, 전국 각지의 산행을 좋아하는 많은 등산객들이 찾고 있다. 내가 살고 있는 산본 신도시 8단지 아파트에서는 수려한 슬기봉이 눈앞에 보이고 그 능선을 따라 내려오다 보면 수리산 '자연휴양림' 산림욕장 입구가 보인다. 그 옆에는 내가 거의 매일 가는 '지식과 지혜의 전당'인 군포 중앙도서관이 자리하고 있으며 왼쪽으로 눈을 돌리면 '초막골생태공원'의 아름다운 풍경이 파노라마처럼 펼쳐져 있어 늘 내 시적 감성을 일깨워 주곤 한다.

이제 수리산 자락 산본 신도시로 이사 온 지도 벌써 21년의 세월이 흘렀다.

1990년 초 서울 인구가 1000만을 넘어 폭발적으로 늘어나고 서울 아파트 투기 붐으로 가격이 치솟고 있었다. 이에 정부에서는 서울인구를 분산시키고 아파트 가격을 안정시키기 위해, 수도권의 기능 분담을 목적으로, 수도권 1기 신도시(분당, 산본, 일산, 중동, 평촌)를 건설하여 수많은 아파트를 짓고 분양이 한창이었다. 그 당시 수십 년 서울에 살고 있던 나는 답답하고 복잡하고 공기도 좋지 않은 서울을 벗어나고 싶었다. 지지리도 부동산 운이 없는 나였지만(아파트 분양 청약도 잘 안 되고 운 때가 잘 안 맞아 집값도 올라있을 때 사고, 사고 나면 내려가고, 팔고 나면 올라가는 불운이 반복되었다.) 그래도 행여나 해서 그 당시 살고 있던 강남에서 가장 가까운 분당신도시 아파트 분양 청약에 응모했으나 역시나 두세 번 낙첨되는 불운(?)에 포기한 상태였다.

얼마간의 시간이 지나 하루는 아내가 산본 신도시 아파트 분양 공고가 났다고 하면서, 또 떨어질 텐데 연습 삼아 응모해보자고 해서 했는데 불운(?)하게도 당첨되어 얼마나 실망했는지 몰랐다. 어데 붙어 있는지도 모르고, 도시이름도 '산본' 어느 작은 산골마을 이름 같고, 그 많은 세련된 이름 다 놔두고 '군포'라니 '군'자도 '○○군(郡)'하는 군자로서 촌티가 나고(실은 군 읍 하는 군(郡)이 아니고 군(軍)이지만), '포(浦)'자도 어느 조그만 어촌 포구 냄새가 나서 도무지 도시 이름 같지가 않아 불만이었다. 군포라는 지명도 옛날 '군포장'에서 유래했다고 한다. 1989년에 경기도 시흥군 군포읍이 승격하여 이루어진 도시이다. 처음엔 누가 어데 사느냐고 물으면 선뜻 대답을 못하고 망설였고, 말해도 '산본'이 어데 있느냐고 되묻고 해서 약간은 창피하기도 했었다. 나중에 알았지만 산본(山本)은 과거 '산저(山底)'라고 불리기도 했는데, 이 역시 '산밑'이란 순우리말 이름의 한자식 표현으로 '산본'과 같은 의미라 할 수 있다. 일본에서는 일본 성씨(姓氏)로 나카무라 성씨 다음으로 많은 야마모토(山本)가 있는데, 일제강점기 시대 그 산본 성을 가진 사람이 산 땅이라 해서 '산본'이라는 이름으로 불렸다는 소문이 있으나 사실 여부는 잘 모르겠다. 여하튼 그 당시에는 산본에 이사 오고 싶지 않았다.

1993년 산본 신도시 8단지 한양아파트 입주가 시작되어 난 내키지 않았지만 세대주로 주민등록을 옮겨야 한다기에 산본동(지금의 수리동)사무소에 주민등록을 옮기고 등기를 마쳤다. 아직도 강남 8학군에서 명문 고등학교를 나와 대학에 다니고 있던 아이들의 교육관계도 있고, 내 치과클리닉도 강남 대치동에 있어 산본 아파트는 당분간 전세를 주기로 했다. 가끔 바뀐 임대차 계약을 하기 위해 산본 8단지에 오면, 이미 입주한 많은 주부들이 징을

치고, 헌 냄비를 시끄럽게 두드리며, '쓰레기 소각장 유치 절대 반대'라고 쓴 플래카드(placad)를 내걸고 수리고등학교 앞에서 유치반대 시위를 하곤 했다. 그러나 결국은 쓰레기 소각장은 건설되고, 크게 우려했던 매연이나 대기오염, 냄새 등은 기우에 그치고 말았다.

  7년 동안 3번의 임차인이 바뀐 아파트는 관리를 잘 못 해서인지 헌 집같이 남루하게 변했다. 아이들의 교육도 끝나고 꼭 서울에 살아야 할 이유도 없어 산본으로 이사하기로 마음먹었다. 아내에게 말했다. 이제 우리 생애에 마지막 집이요 마지막 삶의 터전이라 생각하고, 거금이 들어도 좋으니 당신 마음대로 리모델링해서 집을 예쁘고 멋지게 꾸미고, 가전제품을 비롯해서 가구들도 최고로 좋은 것으로 바꾸라고 했다. 아내는 서울의 유명한 리모델링 전문업체에게 맡겨 그 당시 최고, 최신의 건축자재를 사용하여 집을 수리했다. 우리 부부도 만족했지만, 그 업체도 내 아파트를 리모델링 홍보용으로 사진을 찍어 자기들 잡지에 올려 광고를 했을 정도로 성공적이었다. 강남 8학군에서 명문고교를 나오고 대학까지 졸업한 아이들의 교육이 끝나고, 홀로 되신 지 오래된 어머니를 모시고 서울을 떠나 딱 2000년도에 산본으로 이사를 왔다. 새 집 같은 멋지고 널찍한 지금의 아파트로 이사 왔을 때의 기쁨과 환희는 말로 표현할 수 없이 행복했다. 뺑뺑이를 돌려 운 좋게(처음으로) 추첨된, 55평, 25층 50세대가 사는 동(棟)에 '로얄층'이라는 중간층 14층에 전망 좋고 해가 많이 깃드는 밝은 집이었다. 더구나 1, 2호 엘리베이터 두 대가 있어 편리하고 안락한 보금자리로 손색이 없었다. 교통도 편리해 전철로 30분이면 우리가 45년을 다니고 있는, 교회가 있는 사당동에 도착할 수 있고 버스로도 55분이면 서울 강남 대치동 내 치과의원 앞에 딱 도착할 수가 있었다. 더구나 산본 인터체인지가 있어 수도권 외곽고속도로, 경부선고속도로, 영동고속도로, 서해안고속도로에 연계되어 생각보다 교통이 편리했다.

이사 온 지 3개월이 지나서 놀라운 변화가 일어났다. 서울에 살 때는 아침에 일어나면 누런 가래를 내뱉고 기침이 심하게 나오고 기관지가 약했는데 산본에 이사 온지 3개월 만에 가래도 안 나오고, 기침도 안 나오고, 숨쉬기가 편해졌다. '산본'이 공기 좋기로 전국 시 도시 중에 과천에 이어 두 번째 도시로 선정된 살기 좋은 곳이라 하더니, 내 몸의 건강이 좋아진 걸 보니 사실로 증명이 된 것이다. 역시 사람은 공기 좋고 물 좋은 자연환경에 살아야 한다는 말이 맞는 것 같다.

특별히 자랑할 만한 것은, 봄이면 개나리, 진달래, 철쭉이 만발하고 여름이면 좌우에 늘어선 나무들의 가지와 잎들로 신록의 터널을 이루고, 가을이면 울긋불긋 단풍으로 긴 터널을 꾸며주는, 8단지 입구에서 9단지를 거쳐 10단지에 이르는 수리산 길은 군포8경(제1경 수리산 태을봉, 제2경 수리사, 제3경 반월호수, 제4경

덕고개 당숲, 제5경 벚꽃길, 제6경 철쭉동산, 제7경 밤바위, 제8경 산본 중심상가)에 더해 군포9경에 선정하고 싶은 정말 아름다운 길이다. 군포에 처음 온 사람들은 아름다운 이 수리산길을 보고 반해서 산본에 이사 와서 살고 싶다고들 했다.

여하튼 군포에 이사 온 뒤에, 꼭 나를 위해 생긴 것 같은 군포의 놀라운 변화와 반전의 역사적 사실이 기적처럼 일어났다. 우리 8단지 수리한양아파트 앞 건너 덕유아파트 옆 큰 공터에 어느 날 갑자기 '군포버스 공영차고지(종점)'가 생겨 이른 새벽부터 자동차 엔진 시동 거는 소리에 시끄럽고 매연을 내뿜는 버스들로 가득 차 저녁 늦게까지 소음과 매연에 시달렸다. 그런데 신기하게도 어느 날 그 많던 버스들이 사라지고 그 자리에 예쁘고 아담한 군포시 중앙도서관이 건축되어 아름다운 조경에 수많은 책들이 장르별로 질서정연하게 장서되어 있는 멋있는 도서관이 짜잔! 하고 나타난 것이다. 서울로 출퇴근하면서 바쁜 일상을 지낼 때에는 "버스 공영차고지로 시끄럽던 곳에 조용한 도서관이 생겨서 다행이다"라고만 생각했다. 그러나 이 중앙도서관이 은퇴 후 내 노후에 놀이터요, 안식처요, 내 서재요, 시인과 수필가로 등단하게 되는 내 문학의 산실이요, 내 삶에 기적의 현장이 될 줄은 꿈에도 몰랐다.

이제 팔순의 나이가 되고 보니 성인병 하나 없었던 내 몸도 서서히 약해지고 있는 것 같았다. '나이에 장사 없다.' 도서관에서 책을 보다가 아무 때나 선뜻 수리산 등산길을 오르곤 했는데, 오른쪽 무릎에 퇴행성관절염이 생겨 보행이 불편해지고부터는 계단이나 오르막길은 걷기가 힘들게 되었다. 의사선생님도 운동 삼아 평지를 걸어야 하고, 계단이나 오르막길이나 등산은 피하는 것이 좋을 거라고 했다.

이러한 때에 나를 위해 생긴 것 같은 군포의 역사적 사실이 또 이루어진 것이다.

어느 날 내가 살고 있는 8단지 아파트 앞, 7~8분 거리에 아름다운 '초막골생태공원'이 짜잔! 하고 나타난 것이다. 이사 온 지 얼마 되지 않아, 수리고등학교 뒤쪽수리산 자락 낮은 언덕에 여기저기 옛 명문가의 묘지가 있는 문중(門中) 땅, 종중(宗中) 땅들이 많이 있고, 밭들이 있으며 한가운데 개울이 흐르고 있는 운치 있는 길을 따라 가끔 걸어서 쓰레기 소각장까지 걷곤 했던 곳인데, 군포시에서 시민의 휴식처로 거금(?)을 들여 자연생태계를 충분하게 살린 아름다운 생태공원을 조성한 것이다. 거의 매일 초막골생태공원을 걷는 나이지만, 산천초목 자연은 봄, 여름, 가을, 겨울, 사시사철, 계절마다 나름대로의 패션 따라 아름답고 멋있는 옷으로 갈아입고 늘 나를 반긴다. 노후에 평지를 걸을 수밖에 없는, 나에게 초막골생태공원이라는 산책로를 선물로 주신 하나님께 감사와 찬송을 올려드린다. 이 또한 군포에 이사 왔기에 깨끗하고 맑은 공기를 마시며 아름다운 계절을 느끼며 살 수 있는 행복이요 축복인 것이다.

군포에 이사 와서 좋은 공기, 맑은 물 마시고 아름다운 자연환경 속에서 건강도 좋아져서 회갑, 칠순, 팔순생일도 맞이하는 행복한 22년을 살았다.

서울을 비롯하여 다른 도시에 살고 있는 친척 친구 지인들이, 75세 이상 어르신들에게 접종하는 코로나 예방접종주사(화이자)를 아직도 맞지 못하고 있다는데, 의료복지도 잘 되어 있는 작지만 알찬 도시, 군포시에 살고 있는 우리 부부는 벌써 제1차, 2차, 3차 예방접종을 완료하고 감사한 마음으로 이 코로나 시대를 견디고 있다.

이제 군포는 나의 제2의 고향이요 내 문학의 고향이 되었다. 앞으로 얼마나 더 살게 될지는 몰라도 하나님의 부르심을 받을 때까지 난 군포에서 줄곧 행복하게 살 것이다.

    살어리 살어리랏다 청산에 살어리랏다
    머루랑 다래랑 먹고 청산에 살어리랏다
    얄리 얄리 얄라셩 얄라리얄라
    얄리 얄리 얄라셩 얄라리얄라

청산(靑山)의 본래 뜻은 푸른 산이다. '청산별곡'에서의 푸른 산은 자연을 대신하는 말이다. 나에게 있어 청산은 '군포'이다.

살어리 살어리랏다 군포에 살어리랏다.
좋은 공기랑 맑은 물이랑 마시고 군포에 살어리랏다.
얄리 얄리 얄라셩 얄아리얄라
얄리 얄리 얄랴셩 얄라리얄라

2021년 9월
군포문인협회 앤솔로지 〈참 괜찮은 그곳, 군포에 살어리랏다〉에 수록

만병통치약

지금 나는 바보처럼 웃고 있다. 크게 웃기도 하고, 길게 웃기도 한다. 배와 온 몸으로, 마음 놓고 웃고 있다. 서서히 내 몸과 마음이 가벼워지며 기분이 좋아지고, 활력이 샘솟는 것 같다. 내 주위에 있는 모든 사람이 나와 같이 웃고 덩달아 행복해 하는 것 같아 더욱 즐거워진다.

삼 년 전에 은퇴를 했다. 처음엔 매일 정한 시간에 출근하고 퇴근하던 나의 일상이 갑자기 중단되어 뭔가 허전하고, 어리둥절하고 황당해했다. "그동안 열심히 일 했으니 이제 좀 편하게 쉬자"라고 생각하며 나를 위로하며 지냈다. 그러나 쉴 줄 모르고, 놀 줄 모르는 나는 시간이 지낼수록 지루해지고 아내가 옆에 없으면 불안했다. 앞으로 혼자 뭘 어떻게 하며 살아야하는지 막막하고 가슴이 답답해지기 시작했다.

　남은 세월에 대한 걱정 근심으로 잠도 잘 오지 않고 우울한 나날이 계속되었다. 모든 사람들이 나를 외면하고, 가족들까지도 나를 인정해주지 않는 것 같았다. 나만 인생의 실패자로 전락한 것 같은 생각에 초조와 불안에 괴로웠다. 이제 무엇을 해야 할까? 이제 어떻게 살아야 할까? 이런 저런 많은 생각을 하다 좋은 해답을 찾아냈다. '모든 해답이 책 속에 있다.'라는 확신이 들었다. 그래서 내가 생업에 정신이 없어 읽지 못했던 책을 재미있게 읽자는 결심을 하게 되었다. 책속에서 여러 인생들의 희로애락과 불후의 명작속의 진리와 사상을 배우고 생각하고 즐기기로 했다. 다행이 내가 살고 있는 아파트단지 바로 길 건너 있는 시립중앙도서관에 나가기로 했다.

　도서관에 출근하여 며칠이 지나지 않은 어느 날 행사안내 배너 광고를 보고 월요웃음치료 시간이 있다는 것을 알게 되었다. 그 다음 주 월요일 11시에 도서관 지하1층 소극장에서 하는 웃음치료시간에 참석하게 되었다. 조금은 쑥스러워 맨 뒷자리 오른쪽 맨 끝, 그러니까 강사로부터 가장 먼 좌석에 앉았다. 약간은 긴장하며 서먹서먹하고 조금은 거만스럽게 "너희들이 뭘 어떻게 하는가? 두고 보자."하는 생각을 하며 앉아 있었다. 그런데 이게 무슨 일인가? 한마디로 그곳의 모든 사람들이 다 미친 사람들 같았다. 한 오십명 가까운 사람들이 강사를 따라 미친 듯이 마구 웃어대고 바보처럼 헤헤거리며 너무나도 잘 웃는 것이었다.

한마디로 수상한 충격이었다. 그들이 이상한지 내가 이상한지 어리둥절할 수밖에 없었다. 이 우울한 시대에 뭐가 우스워 바보처럼 웃고 있단 말인가? 그대로 있다가는 나도 미친 사람이 될 것 같았다. 나갈까 하다가, 기왕 왔으니 끝까지 앉아 있기로 했다. 처음엔 어색하고 부끄러웠지만 강사가 하는 대로 억지로 따라 하기로 했다. 내키지 않았지만 강사를 따라 슬슬 웃다가 보니, 서서히 나도 미쳐 가는 것이었다.

그러는 중에 한 시간이 금방 갔고 재미가 있었다. 그런 분위기에 쉽게 동화되어버린 것 같은 내가 신기했다. "그렇다, 바로 이것이다. 남은 인생 웃고 사는 거다. 기뻐도 웃고, 슬퍼도 웃고, 건강해도 웃고, 아파도 웃는 것이다!" 그동안 내 얼굴이, 내 삶이 너무 경직되어 있었고, 웃음을 잃어버리고 살아 왔다는 것을 깨달았다. 늘 긴장과 경쟁 속에 웃을 만한 일도 여유도 없었던 것 같았다.

웃음치료 시간은 남녀노소 할 것 없이 다 웃게 되어 있었다. 강사가 노래하고 박수치며 웃는 대로 따라 했다.

"우리 모두 즐겁게 박수를! 짝짝! 짝짝! / 우리 모두 사랑을(하트를 두 손으로 만들며) / 우리 모두 즐겁게 웃음을! 하하하하 하하하하."

노래하고 웃고 재미있게 몸짓을 했다. 강사가 "참 잘 했어요!"하면 모두가 두 주먹을 들었다 끌어당기며 "당연하지!", "당신이 최고예요!", "당연하지!"라고 맞장구를 쳤다.

그렇다, 웃고 싶으면 어린애같이 되어야 한다. 아기는 하루에 600~700번 무조건 웃는다고 한다. 이에 반해 어른들은 하루에 6~7번 밖에 웃지 않는다고 한다. 그것도 3~4번은 비웃음이라고 한다. 연구결과 아이들이 왜 잘 웃느냐하면 걱정이 없어서이고 어른들은 걱정이 많아 웃지 않는다고 한다. 그냥 무조건 본능적으로 웃는 것이 애들의 특징이라고 한다. 그동안 나는 하루에 몇 번이나 웃었을까? 자문해 보았다. 웃음에는 너무 인색했던 그동안의 각박한 삶이었던 것 같았다. 우물쭈물 하다가 건강도, 시간도 다 놓친다. 일단 한번 웃어보자. 소문만복래(笑門萬福來) 웃으면 복이 온다.

개구리는 보통 작은 곤충을 잡아먹는다. 그런데 한 개구리는 꼭 큰 말벌만 잡아먹는 것이었다. 그래서 하루는 동료 개구리들이 그 개구리에게 물었다.

"야! 너는 왜 말벌만 잡아먹는데?"

그 개구리가 답했다.

"너희들이 톡 쏘는 맛을 알아? 난 먹어 봤거든!"

라고. 웃음도 웃어 봐야 그 맛을 안다.

가끔 '웃다보니'란 노래로 흥을 돋운다.
"하하하하 하품해도 웃고 / 헤헤헤헤 헤어져도 웃고 / 호호호호 호탕하게 웃고 / 후후후후 후련하게 웃고 / 꼬인 일도 웃다보면 답이 보이고 / 없던 복도 웃다보면 굴러온다네 / 즐겁다고 생각하면 즐거운 인생 / 웃다보니 행복하네 / 일단 한번 웃어봐! 하하하하 // 가난해도 웃다보면 부자가 되고 / 뚱뚱해도 웃다보면 날씬해지네 / 즐겁다고 생각하면 즐거운 인생 / 웃다보니 행복하네 / 일단 한번 웃어봐! 하하하하!"

'웃음은 운동이다. 웃음은 최고의 유산소 운동이다.'라고 한다. 복이 들어오는 웃음의 삼대 원칙이 있다고 한다.
'첫째는 크게 웃어라! 크게 웃으면 자신감이 생긴다. 하! 하하! 하하하!'
'둘째는 길게 웃어라! 길게 웃으면 심폐기능이 좋아지고 온 몸이 활성화 된다. 15초 이상 한 호흡으로 길게 끝까지 하… 하.'
'셋째는 배와 온 몸으로 웃어라! 그러면 몸 안의 독소가 빠져 나가고 다이어트 효과가 일어나며 오장육부가 튼튼해진다.'
옆 사람과 친구 먹으며 서로 가볍게 때리며 통쾌하게 웃는다. 강사와 회원들은 주고받는다. "정말 잘 하십니다!" "당연하지!"

웃으면 우리 몸 안에서 '엔돌핀' 등 행복한 호르몬들이 분비되어 나온다고 한다. 사람이 거짓으로 웃어도 15초 이상 웃게 되면, 우리 대뇌는 주인이 진짜 웃는 것으로 착각하여 몸을 활성화하는 모든 명령을 인체에 내린다고 한다. 반대로 욕을 하고 화내고 비난하고 불평하면 뇌는 주인이 주인 자신에게 하는 것으로 알고 스트레스를 받는다는 것이다. 그래서 몸과 마음이 긴장하라는 명령을 내리며 모든 근육이 수축하고 강직하게 되어 모든 기관이 비정상적인 상태가 된다는 것이다.

암 말기 환자나 각종 어려운 질환을 앓고 있던 환자들이 이러한 웃음치료를 통해 기적같이 치료되어 건강해 졌다는 간증과 임상보고가 많다고 한다. '웃음의 아버지'라고 불리는 미국기자인 '로씨'는 골수암에 걸렸지만, 웃음치료로 완치되었다고 한다. 미국시사주간지 '토요리브' 편집장인 '노먼 커즌스' 박사는 강직성척수염에 걸려 있었는데 웃음치료로 웃기 시작한 지 8일 만에 움직일 수 없었던 손가락 발가락이 움직였고, 차츰 통증이 없어져 병이 나았다고 한다. 웃음치료 강사들 중에서도 이런 기적 같은 체험을 하고 감사해서 웃음전도사로서 많은 사람에게 치유의 경험과 행복을 나누고 희망을 주고 있다 한다.

50대 여자 강사는 몇 년 전에 유방암 3기로 힘든 항암치료로도 효과를 보지 못했는데 우연히 웃음치료 강사를 만나 웃음치료를 받고 몸이 완쾌되어, 담당의사의 완쾌통보까지 받았다는 것이다. 그래서 암 병동이나 양로원에 정기적으로 가서 많은 환자들에게 웃음치료를 해주어, 환자들이 웃음을 되찾고, 앓고 있는 병이 호전되고 행복한 투병생활을 하고 있다는 것이다.

박수에도 여러 가지 박수가 있듯이 웃음에도 여러 가지 웃음이 있다.

손뼉을 치며 발을 구르는 박장대소, 거의 숨이 넘어갈 때까지 길게 웃는 웃음, 까르르 까르르 쉬지 않고 웃는 전원주(30여 년이 지나도 그녀의 인기는 식지 않고 있다.) 웃음, 온 얼굴의 근육을 움직이며 거의 소리 나지 않게, '파~~~'하는 국민 아버지상 최불암 웃음법은 사람의 시선이 많거나, 웃기에 적당하지 않은 장소일 때는 화장실이나 조용한 장소에서 소리 나지 않게 웃음을 즐기기에 좋은 웃음법이기도 하다. 매일 하는 웃음 운동으로, 두 발을 어깨너비로 벌리고 무릎을 약간 구부려 기마자세로 상체를 똑바로 세우며 두 팔을 큰 항아리를 안는 듯 벌리고 최불암 웃음으로 '파~~~'하며 1분에서 길게는 3분까지 반복하면 땀이 나는 좋은 유산소 운동이 있다.

웃음은 명약이다. 'Smile is the best medicine.' 가장 마법의 약은 역시 웃음이라는 것이다. 의사는 웃음을 처방해 주지 않는다.

이미 우리가 가지고 있기 때문이다. 배꼽을 잡을 정도를 웃는 웃음은 많은 칼로리를 태우고 피를 잘 돌게 하고 심박수를 늘리는 것은 물론 심장마비 확률과 혈당치를 낮출 수 있다는 것이다. 가장 많이 웃는 사람이 가장 오래 사는 사람들이라는 것이다. 일소일소(一笑一少)이고, 일노일노(一怒一老)이다. 한번 웃으면 한번 젊어지고, 한번 화를 내면 한번 늙는다는 말이 있다. 또한 소노다소(小怒多笑) 성냄을 적게 하고 많이 웃고 살자 라는 말은 건강십훈(健康十訓) 중에 9번째이기도 하다. 미국 인디에나 주 볼 메모리얼 병원의 연구 결과에 의하면, 하루에 15초 웃으면 이틀을 더 살 수 있고, 서로 같이 웃으면 33배인 두 달을 더 살 수 있고, 하루 40초 웃으면 심장병을 예방할 수 있으며, 수명을 1년을 더 연장할 수 있다는 것이다.

도서관 소강당에 웃음치료 시간에는 40대에서 80대까지 평균 4, 50명이 참석한다. 대부분 여성이고 남자는 10%내외며, 부부지간에 오는 커플 팀도 있다. 보기에 건강한 사람들이 대부분이지만, 간혹 휠체어를 타고 오는 사람도 있고, 우울한 얼굴에 병색이 도는 사람도 있다. 한번은 내 옆자리에 자기 의지와는 상관없이 옆 사람에게 들리도록 목구멍에서 끄르륵 끄르륵 소리를 내는 '틱(tic)'이라는 증상을 앓고 있는 30대 초반의 여자를 만났다. 같이 근무하는 직장동료들에게 미안해서, 같이 근무할 수 없어, 몇 개월 휴직을 하며 치료를 하고 있다고 했다. 여러 사람들이 모인 곳에는 언제 그 증상이 일어날지 불안해서 대인기피증에다 우울증까지 생겼다고 했다. 혹시 몰라 웃음치료로 효과를 볼까하고 왔다는 것이었다. 같이 열심히 해보자고 위로를 해주기도 했다. 그 동안 내 옆에서 가끔 끄르륵 끄르륵 하고 소리를 냈지만 개의치 않고 같이 열심히 다녔다. 한 5개월 동안 꾸준히 나오는 것 같더니 어느 때부터 보이지 않았다. 그 후 한 일 년쯤 되었을까 지하철역에서 만났는데, 그 증상이 완전히 사라져서 지금은 즐거운 마음으로 근무를 잘하고 있다고 했다. 그래서 웃음치료를 주위에 열심히 권하고 있다고 했다.

웃음치료 강의를 2년 반 동안 거의 빠지지 않고 열심히 받고 열심히 웃다보니 나는 우울증이 나도 모르게 사라졌고 내 자신이 많이 긍정적이며 밝고 자신감이 충만한 쪽으로 바뀌어 몸과 마음이 훨씬 더 건강해졌다는 사실을 깨닫게 되었다. 그리고 웃음은 '신이 인간에게 준 최고의 선물'이라는 생각까지 하게 되었다. 그래서 나만 이렇게 혼자 행복할 것이 아니라 사랑하는 내 가족, 내 친구, 내 이웃들에게도 이 웃음을 통해 행복을 나누는 웃음전도사가 되어야겠다고 생각했다.

나는 알고 있다. 진정한 웃음 뒤에는 깊은 슬픔과 비애가 숨어있다는 것을. 남을 웃겨야하는 코미디언이나 개그맨의 배면에는 어렵고 힘든 슬픔의 삶이 깔려있다는 것을. 그러나 우리는 화내버리고, 미쳐버리고 웃어버려서 모든 안 좋은 것을 다 버리고 비워야한다. 무조건 웃어버려야한다. 그래야 더 좋은 것, 즐거운 것, 행복한 것으로 채울 수 있는 것이다. 미치지 않으면 미치지 못한다. 유치해야 극치를 맛볼 수 있다. '행복해서 웃는 것이 아니고 웃다보니 행복하다.'라고 윌리암 제임스는 말했다.

나는 오늘도 웃음마크, 웃음단추를 "딩동!" 누르면서 웃음치료 시간에 마음껏 웃는다.

"하하하하하! 된다! 된다! 된다된다된다! 된다! 된다! 잘~~~된다!"

"정말 잘하십니다."

"당연하지!"

"정말 최고십니다."

"당연하지!"

"정말 멋지십니다."

"당연하지!"

"나는 점점 더 좋아지고 있다! 나는 점점 더 좋아지고 있다!"

눈을 감고 가슴에 두 손바닥을 대고 나는 나에게 이렇게 계속 속삭이며 평안한 마음으로 웃음치료를 하고 있다.

나는 약사는 아니지만 웃음전도사로서 '웃음'이라는 명약을 내 이웃에게 선전하며 권하고 싶다. 내가 건강하고 행복해져야 내 가족과 이웃이 행복해지고, 내 나라와 민족, 이 지구촌이 행복해진다는 확신을 갖고 오늘도 이렇게 외친다.

'웃음'이라는 약은 부작용이 전혀 없는 만병통치약입니다!

평생 꾸준히 복용하십시오!

2016년 11월 수필전문 계간지 〈에세이 포레〉 겨울호
신인문학상 '만병통치약'(웃음치료)으로 수상

코로나19로 인해 변해버린 나의 삶

'〈군포시 도서관 휴실 및 이용 제한 안내〉 접촉으로 인한 코로나 감염을 예방하기 위하여 관내 도서관 이용을 제한합니다.' 이러한 문자 메시지가 스마트폰에 뜨기 시작한 금년 2월 초부터, 은퇴 후 내 놀이터요, 내 서재요, 내가 매일 출근하는 근무지를 들어갈 수가 없었다. 책을 좋아하는 내가 마음대로 책을 뽑아 책을 읽고, 글을 쓰고 문학공부를 하던 요람을 잃어버렸다. 평소 걸어 왔고 앞으로 걸어가야 할 길을 잃어버리고 한 번도 경험해 보지 못한 길을 허둥대며 걷기 시작했다. 위험한 생존이 시작되었다.

2월 초부터 시작된 우리나라의 COVID-19 상황은 1일 확진자 수가 두 자리를 넘어 순식간에 세 자리, 네 자리 숫자로 늘어나면서 심각한 비상사태가 선포되었다. '사회적 거리두기'라는 생소한 용어가 생겨나 우리 삶에 큰 변화를 일으켰다. 이것은 너 나 할 것 없이 마스크를 써야한다는 전제하에 사람사이의 물리적 거리를 2m 이상을 유지해야한다는 약속까지 포함하는 엄격한 말이다. '인간은 사회적 동물이다'라는 말이 있다. 사람은 혼자 살 수 없고 서로 만나 대화를 나누며 더불어 살아가야 하는 존재라는 것이다. 그런데 지금 우리는 이전에 경험하지 못한 큰 변화를 경험하고 있다. 서로 간에 2m 이내의 거리는 허용되지 않고, 자기를 위해 또한 남을 배려해 마스크를 착용한 채 코와 입을 막고 살아야 한다. 직장이나 생업을 위해서 부득이 외출을 할 경우는 제외하고 가급적 집에 머물러 살라는 것이다.

나의 삶에도 큰 변화가 생긴 것은 당연하다. 나는 좋아하는 도서관에 들어 갈 수도, 읽고 싶은 책을 마음대로 읽을 수도 없게 되었다. 하지만 다행스럽게도 COVID-19 확진 여부를 알기 위해 차에 탄 채 안전하게 문진, 검진, 검체채취, 차량 소독 등을 하는 드라이브 스루(Drive through) 선별진료소의 방식을 차용한 드라이브 스루라는 도서대여 방식이 도서관에 도입되었다. 이는 책을 대여하고 싶은 사람이 하루 전에 도서관 사이트에 들어가 책을 미리 신청하면 다음날 도서관 직원이 신청한 책을 챙겨와 차안에 앉아 있는 신청인에게 책을 건네주는 방식이다. 이는 세계적 선진방역 모범국가로서 최고의 창의성을 가진 우리 대한민국이 처음으로 발명하고 시행한 것으로 세계 여러 나라로부터 호평 받았고 또한 미국을 비롯한 여러 나라에 수출한 효과적이며 편리한 방법이다.

   그동안 경험해 보지 못한 변화된 환경과 문화 그리고 방역지침에 따라 나의 일상 역시 조금씩 변화해가기 시작했다. 마스크를 쓰고 가급적 사람을 만나지 말아야 하고 만나더라도 2m 이상 간격을 유지해야 하는 상황 속에서 집콕 생활을 하다 보니 사람이 그립고 외로워지기 시작했다. 그 동안 함께 만나 식사하고 차 마시고 이야기를 나누었던 소소하고 평범했던 일상이 얼마나 소중한 축복이었는지 깨달았다. 칩거 속에서 생활하다보니 처음에는 그 외로움에 몰입되면서 그동안 나의 삶을 돌아보았다. 오랫동안 움켜쥐고 있던 것들을 선별하여 조금씩 버리고, 인간관계도 정리하며 나의 정체성도 재정립하는 계기가 되었다. 처음에는 외로움을 즐겼다. 그러나 외로움과는 다르게 규제에 의해 강제 고립되어야 하는 고독이 나를 아프게 했다. 내 문학의 배움터이자 산실인 수리샘문학회도 도서관 휴관으로 금년 1학기는 물론 2학기마저 개강도 못하고 안타까이 세월만 흐른다. 정든 회원들이 그립지만 어쩔 수 없이 카톡과 메시지로 아쉬움을 달랠 수밖에 없다. 합평을 통해 영감과 자극을 받아야 좋은 글이 써지는데 그렇지 못하니 시상도 떠오르지 않고 게을러져 시간만 헛되이 보낸다. '이 또한 지나가리라.'라는 말대로 참고 기다리면 지나가겠지 하며 봄 같지 않은 봄, 여름 같지 않은 여름을 지나 코스모스 피는 가을로 접어들었지만

COVID-19는 여전히 우리 곁을 떠나지 않고 있다. 보고 싶고 대화하고 싶은 불길 같은 바람이 서서히 사라지면서 시대적 환경에 길들여져 가는 서글픈 나 자신과 황혼의 세월만을 바라보고 있다.

집안에 박혀 하루 종일 얼굴을 마주해야 하는 우리 부부도 서로를 위해 50년 간 한 방, 한 이불 덮고 자던 합방 생활에서 각 방을 쓰기로 합의했다. 사이가 좋을 때나 싸움을 했을 때나 늘 같이 한 침대를 썼는데 각방을 쓰면서 처음에는 왠지 쓸쓸하고 허전했다. 7개월이 지난 지금 아주 편하고 코고는 소리, 잠꼬대 하는 소리를 안 들어도 되어 서로 편안하게 생각한다. 단지 잠을 자는 중에 갑자기 심장마비 같은 응급상황에 옆에서 지켜주지 못하면 어쩌나 하는 걱정이 있다.

이 시대에 TV가 없었으면 어쩔 뻔했나 싶다. 집 밖 세상 소식은 TV가 있기에 가능하다. TV를 통해 국내외의 정치, 경제, 사회, 문화 뉴스를 접하고 다양한 사건 사고를 알게 되었다. 이전의 나는 드라마를 즐겼는데 요 몇 개월은 '미스터트롯' 프로그램에 빠져 살았다. 나만이 아니다. 시청률 36%라는 경이적인 기록을 세웠으니 온 국민이 열광한 프로그램이다. 나는 개인적으로 정부에서 COVID-19 치료와 방역을 위해 최전선에서 수고하는 의료진 및 공무원과 더불어 이 어렵고 힘든 시기에 노래로 많은 국민에게 기쁨과 위로를 선사한 미스터트롯 가수와 제작진에게도 훈장과 표창을 해야 한다고 생각한다.

이 시대에 스마트 폰이 없었으면 어쩔 뻔 했나 싶다. 사람들은 대면을 대신하여 핸드폰을 이용하여 인스타그램, 영상 통화, 카톡과 메시지 등 다양한 방법으로 활발하게 소통을 시작했다. 4월 말쯤 내 생일이 되면 으레 아들, 딸, 며느리와 손자가 집으로 와서 생일 축하모임을 가졌다. 하지만 올해는 COVID-19 때문에 모이지 못했다. 그 대신 미국 뉴욕에서 45년째 살고 있는 둘째 여동생 가족과 서울을 비롯해 수도권 여기저기 흩어져 살고 있는 다른 동생들 가족까지 열대여섯 명이 미국 조카딸이 개설한 'ZOOM'이라는 화상회의 앱을 통해 한자리에서 만났다. 우리는 화면 안에서 서로의 얼굴을 보고 케이크를 준비해 박수치며 생일 축하 노래를 부르고 수만리 떨어져 있는 가족들과 즐거운 시간을 보냈다.

요즘 우리는 무선인터넷으로 전 세계를 연결하여 구축된 네트워크를 통해 집 안에 앉아 랜선 음악회, 랜선 응원단, 랜선 화상 회의 등 많은 것들을 온라인상에서 비대면 방식으로 경험하고 있다. 나는 이 모든 것을 가능케 한 빌게이츠와 수많은 과학자들에게 찬사의 박수와 감사를 보낸다.

치과의사로서 거의 반평생을 덴탈 마스크를 쓰고 진료를 해온 내가 은퇴 후 80이 다된 이 나이에 뜻하지 않게 다시 마스크를 써야하는 처지가 되었다.

마스크가 익숙한 나에게도 COVID-19를 예방하기 위해 마스크로 입과 코를 가려 비말을 막아야한다는 사실은 씁쓸하기만 하다. 한때 공급 부족으로 발생했던 국내외적인 마스크 대란 또한 이 시대 지구촌에 사는 70억 인구가 경험한 슬픈 역사가 되었다. 다행히 나는 치과의사인 둘째아들이 보내주어 부족함이 없었다. 그 무엇보다도 마스크는 최선이자 최고의 방역이다.

나는 주일마다 교회에 나가 예배를 드렸는데 지금은 집에서 정장을 하고 아내와 함께 온라인 예배를 드리고 있다. 대형 교회를 비롯한 작은 교회 성도들이 연이어 감염되어 정부와 방역당국이 대면예배를 제한하는 행정명령을 내렸기 때문이다. 학교에도 못 가고 인터넷 영상방송으로 공부하고 있는 손자를 보면서 그동안 교회당 중심의 예배를 강조했던 풍조에서 벗어나 우리 삶의 자리가 곧 예배의 자리일 수 있다는 생각을 가지게 되었다.

이번 사태를 통해 우리가 선진국이라 칭했던 많은 나라들의 민낯이 백일하에 드러나기도 했다. 그 국가들에서 수백만 명의 확진자가 발생했으며 순식간에 의료와 방역체계가 붕괴되어 지금까지도 사망자가 끊이지 않고 있으며 이제 우리는 COVID-19 이전의 생활로 돌아가기는 거의 불가능하다. 많은 과학자와 신학자들이 기후변화로 인한 위기를 경고했음에도 이제 그 임계점에 도달했다. 어떤 사람들은 바이러스의 창궐은 욕망으로 가득 차 자연파괴를 일삼는 인간에게 자연이 내리는 징벌이요 복수요, 지구가 지구를 지키기 위한 백신이라고 말하기도 한다. 무서운 것은 우리에게 영원히 이 바이러스와 함께 살아가야 하는 '뉴 노멀의 시대'가 도래했다는 것이다. 그렇다고 너무 괴로워 할 필요는 없다. 그동안 인간의 역사가 그랬듯이 신은 인간에게 스스로의 삶을 돌아보며 그동안 우리의 삶이 얼마나 방만하고 파괴적이었는지 깨달아 회개하며 처해진 상황을 극복하는 지혜와 능력을 주셨다는 것이다.

머지않아 COVID-19는 치료제와 백신의 개발로 진정될 것이다. 한국의 작은 도시 군포시에 살고 있는 나는 매주 목요일 중앙도서관에서 수리샘문학회 문우들과 문학을 공부하며 저마다의 작품을 합평 받고 함께 식사와 담소를 나누었던 시간들이 얼마나 소중한 축복이었음을 깨닫는다. 그때가 돌아와 그리운 문우들을 웃으며 만날 수 있기를. 그 벅찬 소망을 가슴에 품고 나는 오늘도 나에게 허락된 일상을 수행하며 이 인류세계의 거대한 문명사적 전환기를 묵묵히 이겨나가고 있다.

호랑나비

찌는 듯한 더위에 시달린 하루가 지나려는 석양에 동산에 올랐다. 처음 오르는 이 동산에 작은 기대를 가지면서⋯.

보라! 자그마한 산봉우리에 솟아오른 또 하나의 봉우리!

그것은 아마도 태고의 어느 거인이 빚은 발가락 사이에 생긴 고랑이리라. 명상에 잠겨 있다가 멀리 눈 들어 광야를 보니 멀리 산으로 둘러싸인 조그만 마을이 있고 멀리 남쪽에 보이는 푸른 바다의 전경이 펼쳐진다. 신은 그 거대한 해수를 태고에 한꺼번에 퍼부어 이 기름진 평야를 이루었을 것이다. 과감하지 않는 경치에 그렇게 큰 느낌을 갖는다. 그것은 내 시야가 좁았다는 것보다 어쩐지 그런 경치를 볼 때마다 느끼는 그 알지 못할 동경 때문이었으리라. 그래서 사람들은 그러한 곳만을 희구하고 그러한 곳만을 찾아 꿈의 세계로 들어가고 싶은 것이다.

경치에 이끌리는 마음으로 펜을 들고, 공책에 시를 지으려고 책을 폈을 때, 허물어진 탑 사이에 그 하루생활을 즐기는 호랑나비 한 마리가 메마른 여름에 꽃을 찾다 길을 잃었는지는 모르지만 나의 공책 위에 가만히 내려 앉아 그의 발을 놀리고 쉬고 있지 않는가. 앉았다가는 지나가는 벌레를 번개같이 가로채 먹는 것을 몇 차례 하면서 내 공책 위에 앉아 있곤 했다. 꽃도 향기도 없는 내 공책 위에 웬일로 내려 앉아있는지 알 수가 없었다. 시를 지으려는 내 공책의 빈 백지 위에 마치 자기가 먼저 시를 지으려는 게 아닌가. 나비는 몸으로 시를 짓고 있었다. 그리고 얼마 후에 나는 그 나비의 날개를 두 손가락으로 가만히 잡아 보았다. 날개의 가루는 비단결같이 매끄럽고 그 얼룩무늬는 비할 데 없이 화려하고 신비했다. 어떻게 하나님은 이렇게 신비한 색깔과 아름다운 무늬를 지닌 호랑나비를 창조하셨는지 경외스럽다. 금방이라도 부서질 것 같은 날개를 정말 조심스럽게 두 손가락 사이에 잡고 있는데 나비는 날개를 퍼덕이며 절대 절명의 생존본능으로 최후의 발악을 하지 않는가. 그것은 그래도 살겠다는 생존본능이요, 죽음의 그림자에 대한 최후의 항거이리라. 검은 날개 바탕에 갈색 점을 수놓은, 꼬리에 붉은 점이 있는 화려하고도 아름다운 호랑나비였다.

이윽고 검은 머리에 노란부리, 가느다랗게 생겨 감기고, 끝이 방망이 같이 생긴 더듬이는 나의 손에서 생에 대한 마지막 순간을 보여 주려 하는 것같이 가늘게 떨었다. 수분 후 펄럭이던 날개를 수

그리고 가만히 발만 움직일 뿐이다. 옛날의 화려한 비상, 그 옛날의 영광은 어디로 가고 이제 이렇게 죽는구나! 그 옛날이라고 해보았자 짧은 나비의 일생이 얼마나 되겠느냐마는 그래도 그 나비에게는 기나긴 일생이요 역사일 것이다. 인간의 수명과 비교하기 때문에 나비의 일생이 짧게 느껴지지만 역시 인간의 수명도 한없는 이 우주의 역사에 비하면 나비 일생보다도 더 짧게 느껴지는 시간인지도 모르리라. 나비는 저 광대무변한 우주 어느 별에서 이 지구에 와서 머나먼 산 너머 물을 건너 그리운 꽃을 찾아 끝없는 여행을 했을 것이다. 인간인 나 자신은 무엇을 위하여 한없는 이 우주의 한 순간을 보내는가 말이다. 그래도 나비는 꽃을 찾아 그 일생을 보내지마는 인간은 무엇을 위해 악착스런 경쟁을 날마다 계속하고 있는지. 어쩌면 허망한 꿈일지도 모르지만 그 꿈을 실현시키기 위하여 얼마나 열심히 살았으며 자신들의 내일과 미래를 기대하고 소망했던가! 지금 내 손아귀에 발버둥치는 나비보다 더없이 작은 존재가 나라고 생각을 하니 더없는 한숨이 났다. 흰 구름이 둥둥 떠다니는 것을 보노라면 덧없는 인생을 보는 것 같아 서글퍼졌다. 나비는 살기를 포기했는지 발악조차 하지 않고 가만히 축 늘어져있다. 나는 갑자기 겁이 났고, 내 손안에 죽어가는 나비가 애처로웠다. 감히 내 미미한 존재가 거대한 우주의 질서를 파괴하는 것 같아 대자연 앞에 죄스러웠고 경외감을 느꼈다. 내 두 손가락사이에 붙들려있던 그 나비를 반대편 손바닥 위에 가만히 올려놓았다. 이윽고 비행기가 소리 없이 이륙하듯 날개를 한번 활짝 펴더니 가볍게 내 손바닥을 스치듯 날아 멀리 멀리 사라져 버렸다. 아마도 살아났다는 안도감을 느꼈으리라. 이제 살았구나! 나는 자유다! 나비가 날아가 넘어 간 쪽 산봉우리를 바라보니 흰 구름이 뭉게뭉게 피어오르고 있었다. 나는 그냥 호랑나비가 되어 날고 있었다.

1958. 8. 6.

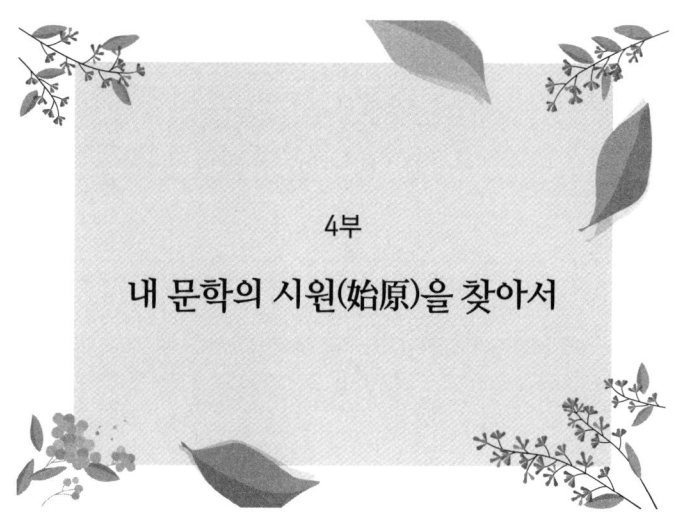

4부

내 문학의 시원(始原)을 찾아서

내 문학의 시원(始原)을 찾아서

나는 지금 한 마리 연어 되어 내가 태어나 치어(稚魚)로 자랐던 그리운 고향 하천으로 돌아가고 있다. 그 크고 넓은 푸른 대양을 누비며 내 마음대로 자유로운 삶을 살다가 내 문학의 시원이 그 어디쯤인지, 모천회귀본능(母川回歸本能)을 따라 기억의 회로를 더듬으며 세월을 거슬러 돌아가고 있다. 거기엔 분명히 그리운 흙냄새와 꽃다운 향기와 따뜻한 물비늘을 만날 수 있으리라.

1950년 내가 국민학교(초등학교) 3학년 때 6.25 한국 전쟁 일어났다. 그 며칠 전 담임선생님(여선생님이라고 기억)께서 누런 겉장에 가로로 줄이 쳐 있는 공책을 나누어 주시면서 내일부터 매일 일기를 쓰라고 숙제를 내주셨다. 일기가 무엇이냐고 묻는 친구의 질문에 선생님은 일기란 그날 하루 있었던 일을, 그날 날씨며, 그날 제일 기뻤던 일, 슬펐던 일을 기록하는 것이 일기라고 했다. 처음엔 그날 날씨, 맑음, 흐림, 비라고 먼저 쓰고 학교 갔다 왔다. 학교에서 누구와 싸웠다, 연필을 잃어버렸다, 동생들과 친구들과 재미있게 놀았다 등을 썼다. 그리고 매일 선생님께서 숙제처럼 일기를 검사를 하시고 도장을 찍어주셨다.

 일기를 쓰기 시작한 지 며칠이 되지 않아 전쟁이 일어났고 얼마 지나지 않아 그 당시 세무서장이셨던 아버지를 따라서 어머니와 여동생, 세 살 난 남동생이 세무서 관용 쓰리쿼터 트럭에 몸을 실었다. 우리가 살고 있던 곳에서 한 삼십 리 떨어진, 허씨 성을 가진 사람들이 많이 살고 있던 허씨 종가 집성촌 동네로 피난을 갔다. 그 곳은 작은 동산이 있고 큰 산은 없었으며 넓은 벌판이 지평선 너머 한없이 펼쳐져 있는 자그마한 촌이었다.

 아버지의 부하 직원들 중 한 사람의 고향인 그 곳에 피난을 갔다. 그곳은 허씨 성을 가진 사람들이 많이 사는 동네로 인심은 참 좋았던 것 같다. 그 곳에 도착하자마자 그 마을에서 제일 큰 종갓집 어르신네를 찾아뵙고 인사를 올리고 그 어르신의 명령에 가까운 지시로 아이도 아직 없는 젊은 허씨 신혼부부 집에 피난 짐을 풀었다. 늘 관사에 살았던 어머니는 도배도 되어 있지 않은 흙벽에 흙방을 보고 한숨을 쉬며 눈물부터 흘리셨다. 초가지붕에 진흙으로 지은 작은방 두 개와 그 사이에 조그만 부엌이 있는 작은 집이었다. 한 방은 집주인 부부가 살았고 또 다른 한 방에 우리 다섯

식구가 살게 되었다. 다행히 아담한 작은 마당이 있고 흙벽으로 둘러쌓은 담 밑에 꽃나무 몇 그루가 있어 황량한 마음을 달랠 수 있었다. 더구나 아침에 일어나 보면 그 작은 화단에 거무스레하게 익은 먹때깔(먹딸기)이 몇 개가 열려 내 바로 밑 세 살 터울의 여동생과 서로 먼저 먹으려고 싸우기도 많이 했다. 먼저 일어나 먼저 본 사람이 독식을 했다. 나는 매번 여동생보다 늦게 일어나 욕심 많은 여동생에게 양보 아닌 양보를 할 수밖에 없었다. 가끔 하늘에서 갑자기 쎅쎄기(제트기)가 나타나 기관총 사격을 하면 깜짝 놀란 우리는 논두렁이 속에 몸을 엎드려 숨기에 바빴다. 한번은 인민군이 그 시골마을에 와서 반동분자라며 아버지를 연행해 잡아갔다. 작은 언덕 당산나무 아래서 더위를 피하고 있던 아버지를 총을 든 인민군이 다가와 지서까지 연행할 것을 요구했다. 아버지는 잠깐 시간을 달라 하고, 나에게 집에 가서 아버지 지까다비(일제시대 노동자용의 작업화)를 가져다 달라고 했다. 난 쏜살같이 집에 가서 신발을 가져다주었다. 그런 후 인민군에게 끌려가는 아버지 뒤를 인민군들 눈치 안채게 몰래 따라갔다. 동네 모든 사람들이 그 광경을 목도하고 눈물을 흘렸다고 했다. 해는 져서 어두워지기 시작했고 난 두렵고 무서웠다. 아버지 일행이 산길 모퉁이를 돌기를 기다렸다 부지런히 뛰어가기를 몇 차례 결국 아버지 일행을 놓쳐버리고 나는 길을 잃고 말았다. 한참을 그 자리에서 기다리다 무서워서 어두운 길을 뒤돌아 우왕좌왕 힘들게 걸어서 어머니가 애타게 기다리는 집으로 돌아올 수밖에 없었다. 그들이 왜 아버지를 잡아갔는지? 그들이 아버지를 죽이면 어떻게 하지? 의문과 걱정에 그날의 일기장은 두 페이지 가득 채웠다. 그 후 아버지는 어떻게 풀려나셨는지는 전혀 기억이 나지 않았다. 일기장에도 어떻게 기록되었는지도 기억에 없다.

인민군들이 가끔 마을에 들어와 강제로 쌀과 보리를 강제로 빼앗고 소나 개도 잡아가는 바람에 그렇지 않아도 밥이나 고기를 못 먹던 배고픈 동네 사람들은 이러다 인민군에게 그나마 다 뺏겨버리겠다며 쌀과 보리쌀과 감자들을 숨기기 시작했다. 동네사람들은 소와 송아지도 다 뺏기고 말 것이라고 했다. 동네사람들은 그들에게 다 뺏기기 전에 우리가 먼저 남은 소와 송아지를 잡아 우리 배나 불리자고 하고 매일 소와 송아지를 잡아 동네사람들끼리 나누어 먹기 시작했다. 덕분에 며칠 내내 부드러운 송아지 고기를 실컷 먹기도 했다. 집집마다 나누어준 송아지 고기는 너무 부드럽고 싱싱해서 고기가 움찔움찔 살아 움직이는 바람에 어린 나는 깜짝 깜짝 놀라기도 했다. 저녁이 되면 어른들은 어른대로, 어린이는 어린이끼리 강제로 모이게 해서 인공기 아래 인민해방국 국가와 찬양 노래와 사상교육을 받고 날마다 자아비판을 해야 했다. 그동안 배웠던 교과서를 가져오면 새 책을 준다고 해서 철없는 나는 집에 가서 책을 가져오려는데 아버지께서 안 된다며 말려서 다행히 책을 지킬 수 있어 무사할 수 있었다.

여하튼 그때 쓴 3개월의 일기는 아홉 살의 눈으로 본 6.25전쟁이었다. 모범생인 나는 선생님이 내주신 숙제처럼 착실하게 일기를 썼던 것이다. 이 글쓰기 습관이 평생의 습관으로 내 문학의 시작이었고 문학의 시원이 된 것이 아닌가 하는 생각을 해보는 것이다.

전쟁이 끝나고 까맣게 잊은 낡은 일기장을 아버지께서 발견하고 이 일기장은 우리 집 가보 1호라고 말하면서 온 가족에게 잘 간수하라고 하셨다. 그 후 아버지의 많은 전근으로 우리가족은 여러 군데로 이사를 다녔다. 친구를 사귀어 정들만 하면 전학을 가곤했다. 다행히 명문 중고등학교를 졸업할 수가 있었고 꿈에 그리던 서울대학교에 입학했다. 1960년 입학식을 한 지 18일 만인 4월 19일 4.19혁명이 일어났고 난 그 현장에 있었다. 그 다음해 1961년 내가 예과 2학년을 다니고 있을 때 5.16혁명이 일어났다.

졸지에 아버지는 혁명군에 의해 강제 퇴직을 당하셨고 우리 가족은 형편이 어려워지기 시작했다. 그 후 아버지의 단 한 번의 사업 실패로 더욱 더 어려워졌고 우리가족은 급기야는 2년을 더 버티다 어쩔 수 없이 전부 서울로 이사를 했다. 난 서울에서 학교를 다니고 있어서 이사하는 데 도움을 주지 못했다. 서울로 이사를 오는 과정에서 우리 집 보물 1호라던 낡은 일기장은 쓰레기처럼 잘못 버려져 사라진 것 같아 많은 아쉬움만 남았다. 가끔 생각나는 내 어린 시절 몇 토막 일기와 안개 같은 기억의 편린만이 내 마음

속에 남아있다.

그 일기 쓰던 습관은 중학교, 고등학교로 이어졌다. 고등학교 때는 학생잡지인 〈학원〉〈학생계〉라는 잡지가 있었는데 한번은 학생계에 시를 응모해서 입선하기도 했다. 중학교 1학년 때 국어 선생님께서 국어시간에 시 한 편을 외우라는 숙제를 내주어서 국어시간에 낭송하라고 했다. 난 그때 좋아했던 노래 가사 같은 소월의 시 '진달래꽃' '엄마야 누나야' '가는 길' '먼 후일' '금잔디' '산유화' '예전에 미처 몰랐어요' '못잊어' '초혼' 같은 시를 외어 낭송했다. 그때부터 시를 좋아하게 되었고 팔십이 넘은 이 나이에도 가끔씩 읊조리며 덧없는 인생을 노래했는지도 모르겠다. 그런 걸 보면 학생시절에도 문학을 좋아했고 문학에 대한 꿈은 버리지 않았나 보다. 대학 입학식 날부터 쓰기 시작한 일기는 졸업할 때까지 6년 동안 계속해서 거의 하루도 빠짐없이 대학노트 열세 권에 기록하여 팔십이 넘은 지금까지 보관하고 있다. 그때 그 일기는 내 청춘의 열정적인 삶이며, 부끄러운 속죄의 눈물이요, 가난과 열등감으로 점철된 아픈 상처들이기도 했다. 하루하루 어렵고 힘든 날을 일기장에 눈물로 하소연하기도 하고 기쁨으로 소리치기도 했다. 그러나 죽고 싶을 정도로의 절망과 저주 속에서도 일기를 쓰는 일은 한 줄기 위로와 희망의 꽃을 피워 힘을 얻기도 했다.

대학을 졸업하고 군의관으로 군복무를 할 때도, 예편하고 병원 개업을 하면서 내 중년의 삶에도 일기 쓰는 습관은 이어져 왔고, 은퇴하고 난 후 노년의 삶을 기록해 왔던 일기장은 내 평생 정든 친구가 되어 버렸다….

50여 년의 치과의사의 삶을 살면서도 내 어릴 적의 꿈인 의사와 시인의 꿈은 항상 내 마음속에 있었고 문학에 대한 그리움은 더욱더 간절했던 것 같다.

치과의사의 길을 멈추고 은퇴하여 많은 책을 읽게 되었고 우연치 않게 문학회를 만나 문학공부를 정식으로 시작하게 되었고 결국 글을 쓰기 시작하여 오늘날 시와 수필로 등단하게 된 것은 내 일생일대의 행운이었고 영광이었다.

마침내 어릴 적 의사와 시인이 되는 그 두 가지 꿈을 노년의 황혼에 이루어 얼마나 좋은지 모르겠다.

그 어린 아홉 살 때부터 숙제처럼 써왔던 일기는 그동안 내 인생을 통해 받았던 깊은 상처를 위로해 주었고, 치유해 주었고 내 인생의 문학의 시원이 되어 시인이 되었고 수필가가 되었다고 생각한다. 드디어 꿈을 이룬 것이다. 내가 나에게 위로와 축하의 뜨거운 박수를 보낸다. 너무 수고가 많았다. 고생했다. 감사하다.

우리의 인생이 어디서 와서 어디로 흘러가는지 모른다 해도 우리의 아름다운 꿈을 잃지 않고 마음속에 품고 산다면 언젠가는 그 꿈이 현실이 되어 우리 앞에 찬란한 빛으로 나타날 것이다.

졸졸 재잘대는 작은 시냇물이 흐르고 흘러 강이 되고 그 강물이 모여 드넓은 바다에 이르듯이 우리의 삶이 힘들고 어려워 눈물이 날 때 가끔은 우리의 그리운 고향 같은, 우리 인생과 문학의 시원을 찾는 한 마리 연어가 되어 보는 것도 좋으리라.

환경과 문학

싸늘한 가을의 한가운데에 게으른 오후의 햇살이 청잣빛 하늘가에 부서지며 길게 그림자로 눕기 시작한다. 갑자기 외로움이 밀려와서 14층 아파트 주방 조그만 창문 밖을 바라보며 차 한 잔을 마시고 있는데, 민들레 홀씨 하나가 부드러운 바람을 타고 사뿐하게 날아간다.

어디서 와서 어디로 가는지는 모르지만 한 점보다도 작은 씨를 하얀 솜털 같은 날개들이 감싸 안고, 14층 고층아파트까지 바람에 두둥실 날아오르고 있는 모습을 보니 생존을 위한 그 위대한 여정에 눈시울이 뜨거워진다. 아마도 작은 씨는 발아하기 좋은 환경에 틀림없이 안착하리라 믿어 의심치 않는다. 왜냐하면 그 작은 씨는 귀중한 한 생명이며 생명은 거대한 자연의 순리에 따라 순응하며 생존하기 때문이다.

수많은 자동차에서 내뿜는 매연으로 오염된 공기와 소음, **빽빽**하게 치솟은 고층아파트와 날로 스카이라인을 바꾸어 놓는 거대한 빌딩 숲에 둘러싸여 복잡하고 숨이 막히는 서울을 탈출하여, 조용하고 물 맑고 공기 좋은 산본으로 이사 온 일은 내 일생일대의 가장 잘한 일이었다고 생각한다.

서울에 살 때는 아침에 일어나면 누런 가래를 내뱉고 기침을 심하게 나오고 기관지가 약했는데 산본에 이사 온 지 3개월 만에 가래도 안 나오고 기침도 안 나오고 숨쉬기가 한결 편해졌다. 산본이 공기 좋기로 전국에서 이름이 났다는 말이 사실인 것 같았다. 역시 사람은 공기 좋고 물 좋은 자연환경에 살아야 한다.

이사 온 지 얼마 지나 우리 8단지 수리한양아파트 앞 건너 덕유아파트 옆 큰 공터에 뜬금없이 갑자기 '군포버스 공영차고지(종점)'가 생겨 이른 새벽부터 자동차 엔진 시동 거는 소리에 시끄럽고 매연을 내뿜는 버스들로 가득 차 저녁 늦게까지 소음과 매연에 시달렸다. 그런데 신기하게도 어느 날 그 많던 버스들이 사라지고 그 자리에 아담한 군포중앙도서관이 건축되어 아름다운 조경에 수많은 책들이 질서 있게 장서되어 있는 멋있는 도서관이 나타난 것이다.

서울로 출퇴근하면서 바쁜 일상을 지낼 때에는 "버스 공영차고지로 시끄럽던 곳에 도서관이 생겨서 다행이다."라고만 생각했다. 그러나 이 중앙도서관은 은퇴 후 내 서재가 되었다. 시인과 수필가로 등단하게 되는 내 문학의 산실이 되었다.

산본의 두 번째 변화와 반전은 8단지 길 건너 수리고등학교 뒤쪽에 수리산 자락 조그마한 산골짜기가 있었는데, 이곳에 도시화가 가속되며 훼손된 생태환경을 보전하기 위해, 군포시에서 거금을 들여 초막골 생태공원이 조성되어 2016년 7월에 개장하였다는 사실이다. 산자락을 타고 길게 뻗어 있어 수리산 무성봉의 물이 산본천, 안양천, 한강으로 흐르는 물길의 시작이자 맑은 공기가 도시로 통하는 바람 길이며, 수리산도립공원, 철쭉공원과 연결되어 군포시의 대표 생태 네트워크를 이루고 있다. 도심 속에서 사람과 자연이 공존하는 생명의 터전으로, 우리 모두 함께 지켜야 하는 소중한 자연생태자원이요, 수리산과 함께 군포시의 자랑이요 군포시의 허파와 같은 아름다운 환경이 조성된 것이다.

초막골 생태공원이 생기기 전에, 나는 이 산골짝 입구에서 쓰레기 소각장까지 가끔 산책을 했었다. 조그마한 시냇물이 자연적으로 생긴 물길을 이루어 졸졸 흐르고, 주위에 각종 나무와 숲이 수많은 동식물들과 어우러져 살았으며 얕은 산자락에는 유명한 가문의 산소와 종중 땅에 농사를 짓는 텃밭들이 있었다. 조그만 오솔

길을 걷노라면 개울을 건너기도 하고 아무렇게나 흔들리는 억새풀을 헤쳐 나가기도 하고, 들에는 무심코 이름 모를 야생화가 피어 있고, 가끔은 개구리, 맹꽁이 울음소리, 풀벌레소리, 새소리와 바람소리가 어우러져 하나의 대지의 아름다운 오케스트라를 듣는 것 같았고 마음으로는 저절로 시인이 되는 것 같았다. 자연에 취해 걷다 보면 능내터널 입구가 나오고 오른쪽 길로 접어들면 옥에 티처럼 숲속에 숨어있는 쓰레기 소각장(환경관리소)가 나오고 난 그 주위를 둘러보고 뒤돌아 나와 집에 돌아오곤 했다. 지금 와서 생각하니 인위적인 것이 아닌 자연적으로 이루어진 자연의 모습이 더 그립다.

이 모든 아름다운 자연환경이 '초막골 생태공원 조성'이라는 이름으로 군포시에서 옛 유명한 명문가의 종중 묘지와 일부 종중 땅을 제외하고, 부근의 모든 산과 땅을 매입하였다. 그런 다음 불도저를 동원하여 각종 큰 나무나 숲, 산천초목을 파괴하고 땅을 파고 물길을 임의로 돌리어 시냇물과 다리를 만들고, 공원 밑 지하에 큰 저수지를 만들어 물을 저장하여 인공폭포(초막동천)를 만들고, 물새연못을 비롯하여 크고 작은 연못 속에 맹꽁이 습지원과 연꽃원을 조성하고, 수리산 야생초화원, 초막뜰과 벚꽃길, 황금빛 억새와 숲 따라 걷는 낙엽길, 옹기원 등이 조성되었다. 최대한 자연 생태계를 살린다는 명제 하에 상상놀이마당, 느티나무야영장, 유아 숲

체험원, 파크골프장, 군데군데 깨끗한 화장실, 초록주차장, 여기저기 화단을 만들어 일년초 꽃들을 심는 등, 아름다운 자연에 인위적인 손길을 통해 변해버린 초막골 생태공원이 마냥 좋기만 한 것은 아니었다. 자연은 자연 그대로 자연에 맡기는 것이 자연의 순리요, 더불어 살아가는 우리 인간에게 알맞은 자연환경이라는 생각이 들었다.

그나마 내가 위로받고 관심을 가진 사건은, 어느 날 갑자기 철새 한 마리 오지 않았던 물새연못에 하얀 거위 한 쌍이 나타났다. 내 초막골공원 산책길에 매일 인사하고 지내게 된 이야깃거리가 생긴 것이다. 물새연못 속에 한 쌍의 정다운 거위 부부에게 '안녕'하고 인사를 하며, 스쳐 지나가 '반디뜨락' 벤치에 앉아 운동도 하고 음악도 듣고 묵상도 하고 시상을 떠올리기도 하며 시간을 보내다가 되돌아 나오면서 또 우아하게 헤엄치는 거위에게 '잘있어'하며 인사하고 집에 돌아오는 게 내 일상이 되어버렸다.

일 년이 지나도록 수컷 노릇을 못한다고 맨날 '바보 병신'이라 했던 수놈이 암컷을 올라타는 광경을 여러 차례 보이더니, 드디어 어느 날 연못 한가운데 한 그루 나무와 잡풀에 둘러싸인 조그만 섬 같은 언덕에 둥지를 트고 알을 품고 있는 암컷 거위를 보고 '야호! 소리를 내며 환호했다. 수컷 거위를 보고 '바보 병신'이라고 욕을 해댔던 내가 머쓱해지면서 바본 줄 알았는데 그게 아니었네! 라고 혼잣말로 속삭였다. 망원경을 들고 보는 내 시야에 알을 품고 있는 암거위가 그렇게 예쁘고 아름답고 성스럽게 보일 정도로 경이로웠다. 그런데 어느 날 연못에 가보니 암컷 거위가 둥지 밖으로 나와 수컷 거위와 연못에서 헤엄치고 있고 둥지 위 품고 있던 서너 개의 알은 깨져있고 껍질만 남아있었다.

아니 이럴 수가! 추측컨대 날아다니는 까치나 까마귀, 독수리 또는 산짐승에게 알이 노출되어 알들이 죽임을 당한 게 아닌가 생각되었다. 나는 또 그 알들을 지켜내지 못한 수놈보고 또 다시 바보 빙신이라고 욕을 했다. 그 다음해에도 똑같은 장소에서 또 알을 잃고 나서 또 다시 아쉬움에 수놈에게 '얼뜨기 바보 병신' 제 새끼 하나 지켜내지 못하고 허우대만 멀쩡하면 뭐 하냐 라고 퍼부어 댔다.

그 후년에는 알도 잃고 어미거위도 산짐승(들고양이, 살쾡이)에게 살육 당했는지 뽑혀진 날개 몇 개만 남기고 사라져버렸다. 사랑하던 짝을 잃고 홀아비가 되어 꺼이꺼이 울던 수컷 거위가 그지없이 불쌍하고 측은해 보여 이번에는 바보 병신이라는 욕도 못했다.

나는 군포시 공원관리과에 전화해서 암컷 거위와 알이 왜 죽었는지 물었고 재발 방지를 위한 조치를 부탁했다. 공원을 찾는 시민들 대부분이 거위를 좋아하고 깊은 관심을 가지고 있다는 사실도 덧붙였다. 얼마 후에 공원 측에서 두 마리의 암컷 거위와 함께 이미 나무로 만들어진 거위 집 주위만 그물망을 쳐놓았다. 한꺼번에 마누라 둘이 생긴 수컷은 의기양양 목소리가 커졌다. 그런데 호사다마(好事多魔)라고 두 암컷을 거느리고 당당히 헤엄쳐 다니던 수컷은 또 한 마리 암컷을 잃고 말았다.

암컷을 둘씩이나 잃은 수컷에게 이번에는 욕이 아니라 돼져라! 네가 대신 죽지! 너만 살아남았어! 하면서 나는 저주를 퍼부었다. 두 마리의 암컷을 잃고 시름에 빠진 수컷은 살아남은 한 마리 암컷을 극진히 모시고 사는 것 같았다. 다정하게 지내던 어느 날 암컷이 알을 품고 있는 광경에 나는 또 야호! 환호의 함성을 지르려다 참고 말았다. 또 잘 '안되면 어쩌지?'라며 나는 시청 공원 관리과에 전화해서 자초지종을 얘기하며 거위의 안전을 위한 조치를 부탁했다. 그래서 그런지 공원에 덩치가 큰 개만큼 큰 고양이 포획작전이 공원 여러 곳에서 전문가 여러분들에 의해 시행되었고, 알을 품고 있는 거위 집 주위에 이중 철망이 둘러치는 공사가 완료되었다. 암컷은 열심히 수풀 사이에 알을 품고 수컷은 주위를 둘러보며 헤엄치는 것이었다. 암컷에게 먹이를 잡아 먹여주던가 할 텐데 아무 것도 하지 않은 수컷이 원망스럽기 그지없었다. 드디어 알을 품은 지 약 30일 만에 알이 부화하여 예쁜 거위새끼가 무려 8마리가 탄생했다. 나는 얼마나 기쁜지 환호성도 못 지르고 멍하니 서 있다가 핸드폰 카메라를 연속 눌러 8마리 귀여운 생명을 사진 속에 간직하기에 바빴다. 그 조그마한 새끼들이 앞에선 아빠거위를 따라가고 맨 마지막에 선 엄마의 호위를 받으며 일 열로 헤엄치는 열 마리 거위가족의 아름다운 광경은 참으로 대자연의 아름다운 질서와 생명의 경외감을 느끼게 했다.

그 동안의 거위들의 희생과 끈질긴 생존력이 이 아름다운 거위 새끼들을 탄생시킨 것이다. 보름도 되지 않은 어느 날 두 마리가 안 보이고 여섯 마리만 보여서 여기저기 물어보았더니 어떤 연유인지는 잘 모르나 대부분의 사람들은 포식동물에 물려 2마리가 죽었다고 했다. 나머지 6마리는 새로 돌아나오는 연하고 부드러운 풀을 잘 먹고 연못에 사는 곤충이나 작은 물고기를 잡아먹고 무럭무럭 자랐다. 거의 아빠, 엄마 등치의 반쯤 자랐을 때 세 마리가 안 보여 걱정했는데 공원 측에서 그들의 생태학적 공간과 조건을 고려해서 다른 연못으로 분양 보냈다고 하여 적이 안심했다. 거의 매일 공원을 산책하는 나는 그 거위가족을 사진으로 남겼고 내 일기장 속에는 그들의 성장스토리를 글로 남겼다. 한 마리마저 분양 보내고 아빠, 어미 거위 두 마리와 어른 거위와 거의 구분할 수 없도록 부쩍 자란 새끼거위 두 마리 도합 4마리 거위가족이 오순도순 사는 모습을 보며 오늘의 산책길이 더욱 즐거워진다.

'사람은 환경의 동물이다'라는 말이 있다. 그만큼 사람의 삶은 살고 있는 주위의 환경에 크게 영향을 받는다는 말이다. 서유럽에서는 1950년대 이후 1980년대에 이르기까지 자연파괴와 환경오염을 인간의 생존과 결부시켜 현실적 사회문제로 쟁점화시킨 시(詩)들이 지속적으로 발표되었다.

이러한 시의 유형을 '생태시(okolyrik)' 또는 '생태학적 시(okologische lyrik)'라 한다. 생태시라는 명칭은 19세기 말에 동물학자 에른스트 헤겔이 처음 제시한 개념인 '생태학(okologie)'과 시(lyrik)의 결합으로 이루어졌으며 '생태학의 시(lyrik der okologie)'를 줄인 낱말이기도 하다.

생태학이란 특정한 유기체와 주변 환경 간의 연관을 연구하는 학문이다. 동식물과 물, 공기, 흙의 상호작용을 연구함으로써 생물체들 간의 자연적 연관 시스템을 밝혀내고 종(種)의 생존조건들을 규명하는 학문인 것이다. 이러한 생태학적인 인식구조와 생명존중의 철학, 인간중심주의를 지양하는 생명중심주의, 사회현실에 대한 비판적 인식, 환경보호운동의 여러 이념이 생태시의 정신적 기저를 형성한다. 생태시는 이 같은 학문적, 사회적, 정치적 인식에 근거하여 인간, 동물, 식물이 생태계에 변화에 대해 어떠한 반응과 어떠한 질적 변화를 나타내는가를 사실적인 언어로써 재생해내는 현대시의 한 장르이다.

자연에서 소재를 끌어온다는 점, 그리고 인간 대 자연의 관계를 언어화 한다는 점에서 '생태시'는 기존의 전통적 '자연시'를 계승하였다고 볼 수 있다. 그러나 생태시는 기존의 자연시와 공유점을 가지면서도 동시에 자연에 대한 인식과 대응에 있어서 큰 변별점을 갖는다. 객관적 시각으로 자연의 실상을 인식하여 자연대 인간의 관계를 비판적으로 성찰한다는 점과, 또한 전통적 '자연시'의 낙관적 자연인식과 자연친화적 세계관을 부정한다는 점에서 생태시는 비판적 자연시이자 새로운 자연시라 할 수 있다.

1970년대에 들어서 비로소 생태시는 작가들의 연대의식을 바탕으로 환경운동과의 상보적(相補的) 관계를 형성하면서 하나의 문학운동으로 상승했던 것이다.

죽어가는 생명체들에게 구원의 탈출구를 열어주기 위해 문학은 어떤 역할을 해야 하며, 어떻게 투쟁해 나갈 것인가의 문제는 21세기 한국문단의 중심적 화두로 자리잡을 것으로 예견된다. 1990년대 이후 생태시 및 환경문학을 특집으로 다룬 문예지들의 행보가 계속 이어지고 있다는 점에서 생태시가 감당할 참여문학으로서의 역할이 21세기 한국문학의 화두가 되리라는 전망은 더욱 가능해진다.

*참고 : 환경과 문학-'생태시'의 흐름과 성격-송용구

합평(合評)

작금의 수리샘문학회의 합평에 대한 카페의 댓글을 읽고 몇 말씀 드립니다.

나이 먹은 사람의 잔소리나 케케묵은 훈장 같은 꼰대가 하는 말이라고 생각지 마시고 우리 수리샘문학회를 사랑하는 마음으로 읽어주셨으면 합니다.

사람의 눈이 2개요, 사람의 귀가 2개요, 사람의 입이 1개로, 조물주께서 사람들을 창조하신 이유를 생각해봅니다. 많이 보고, 많이 듣고, 말은 적게 하라는 뜻이 아닐런지요? 말은 그 사람의 인격이라 합니다. 사람의 말은 사람을 살리기도 하고 죽이기도 하지요. 말이 씨가 된다고도 하지요. 세치 혀를 조심하라는 옛 성현들의 말도 있지요. 과유불급(過猶不及) 지나침은 미치지 못함과 같다는 뜻이지요.

　자기 글을 열심히 읽어주고 그 느낌과 감동을 나누며 예리한 평을 해 주는 데가 세상 천지에 어디 있습니까? 많은 시간과 노력을 기울여 쓴 한 편의 글을 설레는 마음으로 내놓고 합평을 받는 사람은 겸허하고 감사한 마음으로 받고 그 모든 평들을 취사선택하여 퇴고의 기쁨을 통해 자기 글의 완성도를 높이게 되지요. 또한 합평을 하는 사람들은 그 글을 읽고 문학적 관점에서 진정성 있는 소감과 감동을 피력하고 시기와 질투의 감정이 아닌 개관적인 시선으로 절도 있는 평을 해야 되겠지요.
　너무 아는 척, 너무 잘난 척하지 마시고 너무 편파적이나 감정적으로 상처를 주어서도 안 된다고 봅니다. 강사선생님 이외에는 다 같이 배우고 공부하는 동등한 입장에서 누가 누구를 가르치려는 말이나 인상을 주는 합평은 삼가해야 되겠지요.

　문학은 정답이 없다고 봅니다. 그러나 지혜로운 답, 슬기로운 답, 바보 같은 답, 어리석고 말도 안 되는 답 등이 있겠지요. 합평이란 글을 잘 썼다, 못 썼다, 옳다, 틀리다의 흑백논쟁이 아니고, 서로 칭찬하고 격려하며 더 좋은 글을 쓸 수 있는 힘과 용기를 주는 동기부여의 장이요, 문학을 배워가는 동지로서 인내와 관용과 배려가 어우러지는 진정한 소통의 장이라고 생각합니다.

댓글에 보니 모 회원은 지난주 시 합평순서에 불만을 제기하고 자기 작품이 맨 나중에 배정되어 합평이 시간에 쫓겨 소홀히 되었으니, 집행부는 이를 해명하고 나아가 사과까지 하라는 식의 댓글을 읽고 놀랍고 답답한 마음 금할 수 없었습니다.

개인적이고 사적인 감정을 공론화시켜 임원들을 비난하는 식의 댓글은 삼가야할 것입니다. 해명하고 사과하고 책임을 지라는 식의 항의의 댓글은 수고하고 최선을 다해 봉사하는 임원에 대한 예의와 도리가 결코 아닙니다.

예전엔 합평작이 적어서 많이 아쉬었는데 요사이는 너무 많아서 합평순서가 문제가 되다니 즐거운 비명이 되었네요.

지금까지 합평순서는 회장님들의 운영의 묘를 이루어 아무 문제없이 잘 진행되어왔다고 생각됩니다.

전 시간 합평순서는 회장님과 총무님이 해명한 댓글대로 합리적이고 이유 있는 순서 배정이었고, 해명도, 더구나 사과도 해야 할 이유도, 잘못이나 실수도 없다고 생각합니다. 50분에 다섯 편이면 한 편에 10분씩으로 충분하고, 합평을 하다보면 어떤 작품은 길어지기도 하고 어떤 작품은 짧게 끝나기도 합니다. 많은 시간 합평을 받았다 해서 꼭 좋은 것도 아니고 짧은 시간 합평을 받았다 해서 소홀히 다루어졌다고는 생각지 않습니다.

생업을 희생해 가면서 어렵게 회장의 중책을 맡아주신 회장님과 멀리 인천에서 오가시며 귀한시간 내주셔서 잡다한 업무를 봉사하는 마음으로 선뜻 총무직을 허락해 주신 총무님에게 감사하는 마음으로 격려와 힘을 보태주기는커녕 뭘 그렇게 크게 잘못했다고 해명하라고 하는 것도 모자라 사과까지 하라는 댓글은 너무 무책임하고 독선적이고 교양 없는 처사라고 사료됩니다.

자기만 생각하는 사람은 문학을 공부할 자격이 없다고 생각됩니다.
역지사지(易地思之) 처지를 바꾸어 생각하고 상대편의 처지에서 생각해 보라는 것입니다. 자기는 임원을 시키면 못한다고 극구 사양하면서 모든 것을 희생하고 책임을 다 하는 임원들을 비난하는 것은 너무 이기적이고 예의가 아니라고 생각합니다. 언제나 인내와 절제와 관용과 배려가 충만한 수리샘문학회가 되었으면 합니다.
모든 회원들을 다 만족시킬 수는 없는 법입니다.
지금까지 운영의 묘를 잘 살리셔서 슬기롭게 수리샘문학회를 이끌어 나가고 있는 회장님과 총무님과 감사님께 감사와 존경을 드립니다. 진정 잘하고 계십니다. 힘내십시오. 파이팅!

알을 깨고 시의 세계로 날고 싶다

 내 어릴 적부터 꿈은 의사와 시인이 되는 것이었다. 이제 이 두 꿈이 다 이루어졌으니 진정 '꿈은 이루어진다.'라는 말이 실감이 난다. 기쁘다. 먼저 하나님께 감사와 찬송을 올려드린다.

 '새는 알을 깨고 나온다. 알은 세계다. 태어나고자 하는 자는 한 세계를 부수어야 한다. 새는 신에게 날아간다. 그 신의 이름은 아브락삭스다.' 헤르만 헤세의 소설 '데미안'에 나오는 글이다. 나는 알을 깨고 나와야 했다. 그동안 의학(醫學)과 이과(理科)의 세계에 살아왔던 내가 그 세계를 탈피하여 새로운 문학의 세계로 태어나고 싶었다. 그리하여 시의 세계로 날고 싶었다.

 어렸을 때부터 좋아했던 내 작은 글쓰기는 내 허물을 벗는 일, 알 껍질을 부수는 데 많은 도움이 되어 준 것 같다.

 이제 비로소 나는 글을 쓰며, 더불어 나누고픈 작은 몸짓을 할 때마다 나는 머리를 조금 더 높이, 좀 더 자유롭게 치켜들어, 아름다운 맹금의 머리를, 산산이 부수어진 세계의 껍데기 밖으로 쑥 내민 것 같은 느낌이다.

가슴이 따뜻한 시인이 되고 싶다. 내 시를 즐겁게 읽어주는 사람이 한 사람이라도 있다면 그를 위해 아름다운 시를 쓸 것이다.

줄탁동시(茁啄同時) 알속에 있는 병아리가 알을 깨기 위해 여린 부리로 껍질을 쫄 때, 알 밖의 어미닭은 병아리가 빨리 알을 깰 수 있도록, 동시에 쪼아주어서 병아리가 순조롭게 알을 깨고 나올 수 있도록 한다고 한다. 내가 시의 세계로 나올 수 있도록 어미닭의 부리로 도움을 주신 여러분께 감사를 드린다.

태어나는 것은 늘 어렵다. 새가 알을 깨고 나오려면 온 힘을 다해야 한다.

돌이켜 생각하면 이 길은 그렇게 어려웠던 같다. 그러나 아름답기도 했다. 슬프기도 기쁘기도 했다. 아직도 설렘과 떨림의 시심(詩心)이 넉넉한 나에게 경의를 보낸다. 그동안 내 글을 읽고 합평해 주시고 격려해 주신 수리샘문학회원들에게 감사드린다.

또한 부끄러운 내 글을 뽑아 주시고 과분한 평을 해주시며 시인으로 등단할 수 있도록 애써주신 심사위원 선생님들에게 거듭 감사의 말씀을 드린다.

이 소중한 인연들을 오랫동안 아름답게 이어 나갈 것이다.

(이 글은 '문학바탕'의 신인문학상에 당선돼 작성한 소감입니다.)

스페로 스페라

드디어 소망하던 수필문단에 등단하게 되었다. 먼저 하나님께 영광과 존귀와 찬송을 드린다. 2016년 올 한해에 시와 수필 양 문단에 신인상 수상을 통해 등단하는 경사를 맞이하게 되었으니, 생애에 잊지 못할 일이겠다.

돌이켜보면 초등학교 3학년, 6.25전쟁이 일어나기 며칠 전이었다. 담임선생님께서 매일 일기를 쓰라고 숙제처럼 나누어 준 누런 종이 겉장의 일기장에, 모범생같이 매일 일기를 쓰기 시작한 게 칠십 중반인 지금까지 숙명처럼 이어져왔다. 그래선지 매일 일기를 쓰지 않으면 뭔가 허전하고 그 하루를 열심히 살지 않은 것 같아 아쉽기만 했다. 내게 있어 글쓰기는 절박한 숙제와도 같았다.

곱게 늙고 싶었다. 육적으로는 물론 영적으로도 곱게 살고 싶었다. 나의 남은 날 중에서 가장 젊은 날인 오늘, 어제까지 죽은 사람들이 그토록 바라던 오늘, 아직 살아있는 난 행복하게 살아야 했다. '스페로, 스페라.' 희망이 있는 곳에 삶이 있지 않는가. 그래 늦은 나이지만 포기하지 않고 수필 문단을 두드렸지 싶다.

글 쓰는 것은 나를 비롯한 내 가족, 내 친척, 내 친구를 팔아먹는 부끄러운 행위가 될 수 있다고, 어느 작가가 말했던가. 그렇다. 다른 사람의 인생과 생각과 느낌을 부단히 알고 싶었다. 그들의 생을 엿보고 그 속에 들어가 같이 느끼고 배우고 싶었다. 그러기 위해서는 내가 먼저 마음의 문을 열고, 과거와 현재의 삶을 글로 고백함으로서 다른 사람들과의 공감을 느끼고 싶다.

아직 정련되지 않은 내 글에 애정을 갖고 합평해준 수리샘문학회 회원들과 이 기쁨을 함께하고 싶다. 더불어 부족한 글을 신인상 당선작으로 뽑아주신 한상렬 발행인을 비롯하여 심사위원들에게 진심으로 감사드린다. 이 귀하고 소중한 인연을 오래 아름답게 이어가련다.

2016년 겨울호 계간 에세이포레 수필부문 신인상 수상소감

수리샘문학회 입문기

도서관 가는 길은 늘 즐겁다. 집에서 10분밖에 안 되는 수리산 길이지만, 봄, 여름, 가을, 겨울 계절마다 나름대로의 패션 따라 아름답고 멋있는 옷으로 갈아입고 나를 반긴다. 수십 년 서울 강남에 살다가 2000년 9월 산본으로 이사 와서, 깨끗하고 맑은 공기를 마시며 아름다운 계절을 느끼며 살 수 있다는 것이 너무 행복했다. 누가 '멈추면 인생이 보인다.' 했던가. 작년 9월 하던 일을 은퇴하고, 백수(?)가 되고 보니, 정말 뭔가 조금씩 보이고, 느끼고, 생각하기 시작한 것 같았다.

한정된 공간 속에서(창살 없는 감옥?) 깊은 전문적인 지식과 첨예하고도 숙련된 기술과 고도의 집중력이 요구되는 진료로, 늘 긴장 가운데 반복되는 그 일상의 굳어버린 50년의 삶을 살다가 그 모두를 내려놓았을 때, 그리고 "이제는 자유다."라는 해방감보다는

'나는 누구인가? 나는 그동안 무엇을 위해 살았던가.' 참으로 막막하고 허탈한 생각에 빠져버렸다. '인생은 속도보다 방향이다.'라고 누군가 얘기했듯이, 방향감각도 없이 하루하루 허겁지겁 달려만 온 것 같았다. 많은 걸 잃어버린 것 같고, 많은 시간을 낭비한 것 같은 허탈감과 절망감, 소외감 속에서 작년 몇 개월 우울하게 지내왔다. "이제 나는 어떻게 해야 하나? 남은 삶을 어떻게 무엇을 하며 살아야 하는 것인가." 수많은 질문과 고민과 생각 끝에, 난 답을 얻을 수 있었다. 그렇다. 그 답은 책이다. 책 속에 답이 있다. "사람이란, 아는 것만큼 보이고, 보는 것만큼 생각하고, 생각하는 것만큼 행동하고, 행동하는 것만큼 열매를 거두는 것이다. 남기는 것이다. 베푸는 것이다. 사랑하는 것이다. 잘 사는 것이다"라고 했다. 매일 군포중앙도서관에서 많은 책을 읽기 시작했다. 책 속에서, 동서고금, 유명한 사람들, 성공한 사람들, 실패한 사람들을 만난다. 산 사람들은 물론이요, 이미 죽은 사람들도 다시 살아나서 나에게 많은 이야기를 들려준다. 그들의 인생과 사상과 생각과 사랑까지도, 때론 즐겁게, 때론 슬프게 끊임없이 속삭여주었다.

그런 새로운 세계, '신세계의 왈츠'를 즐기고 있을 때, 그 어느 날 도서관 현관 앞에 내걸린 '수리샘문학회 회원모집' 안내 배너 광고를 보고 눈이 번쩍 띄었다. 내 어릴 적 꿈이 의사, 시인, 소설가였다. 국민학교(초등학교) 3학년 6.25동란이 시작되기 며칠 전에 담임 여선생님이 나누어 준 누런 겉표지 종이로 된 일기장에 피난

가서 쓰기 시작한 일기는 중학교, 고등학교, 대학교, 군의관 시절, 치과의원 개업생활을 거쳐 지금까지도 계속 숙제처럼 쓰고 있다. 그래서 그런지 뭔가 쓰고 싶었고, 쓰는 것이 즐거웠다. 하루라도 뭔가 쓰지 않고는 견딜 수가 없는 한 생활의 습관이 되어버렸다.

이제까지는 자연계에서 살아왔다면, 그리고 신앙의 세계를 거쳐서, 고희가 넘은 이 나이에는 새로운 문학의 세계로 들어가 살아보자. 그래서 우선 이 수리샘문학회에 입문해서, 시가 무엇이고, 소설이 무엇이고, 어떻게 읽고, 쓰는지를 체계적으로 배우자. 그리고 꿈을 이루어 보자. 모든 것이 쉽지는 않은 것이다. 나로서는 큰 결단과 각오로 수리샘문학회를 노크했다. 2014년 3월 첫 주 목요일, 수리샘문학회 35기로 개강하는 첫날, 도서관 4층 세미나실의 문을 두드렸다. 그리고 검은 모자로 부끄러움을 가린 채 앉아, 긴장과 기대 속에서 두어 시간 첫 시간을 견디어내었다.

그동안 살아오면서 수많은 모임에 참여해왔었지만 이런 문학회 모임은 난생 처음이었고 가벼운 설렘마저 느꼈다. 백인덕 선생님의 시에 대한 강의와 선배회원들의 시 합평시간은 참으로 나에겐 신선한 충격이었다. 회원 대부분은 등단한 작가나 시인들이었고 나 같은 초보는 없는 것 같아 부끄러웠다. 백 선생님은 술을 몹시 즐기고, 전형적인(?) 시인 같았다. 강의나 합평을 하면서 앉았다 섰다, 앞으로 나왔다 금방 들어가 앉고, 야외강연 땐 신발을 벗었다가 또 금방 신기를 여러 차례하고, 강의에 열중하면 더더욱 좌불안석, 도대체 학생이 불안하여 시선을 어디다 둘지, 같이 흥분하고, 같이 몰입하는 것 같았다. 하기야 그런 열정이 있어야 좋은 시를 쓸 수 있는 것이 아닌가 하는 생각이 들었다. 한번은 여름방학 끝날 무렵 백 선생님이 내게 안부 전화를 했다. 안부를 묻고 불쑥 "선생님 왜 시를 쓰려 하시나요?" 순간 난 당황했다. "왜 내가 시를 쓰려고 하지?" 자문해 보았다. 할 말이 없었다. 잠시 대답을 못하다가 "쓰지 않으면 견딜 수가 없어 그냥 써 보려고요." 대답이라기보다 툭 튀어나온 말이었다. 내 말을 들은 백 선생님은 아무 말도 없었던 걸로 기억하고 싶었다. 대답이 되었는지, 아닌지 모른 채, 그냥 겁이 난 채로 알고 싶지가 않았다. 내 좁은 소견으론 정답이 없는 것 같았기 때문이다.

내가 옛날 6, 70년대 써놓았던 시인지, 아닌지 모르는 글을 합평 시라고, 두 편을 부끄러움을 무릅쓰고 처음 내 놓아보았다. 두 편의 글 중 한 편은 백 선생님 자신이 태어나기 며칠 전에 쓴 시라 평을 안 하겠다며 재껴버렸다. 내가 꽤 잘 썼다고 생각한 글인데 서운했다. 또 다른 한편의 글을 본 강사선생님과 선배 회원들의 예리한 합평 말씀 가운데 "죽은 시어가 많군요."라는 말에 나는 어리둥절 당황했다. 그렇다. 내가 전혀 들어보지 못했던 단어, 죽은 시어(詩語). 옛날에는 살아있었지만 지금은 쓰지 않는 죽어버린 언어. 그런 죽어버린 시어를 붙들고 이 시대까지 살아온 나는 빠르게 변화하는 시대의 흐름을 타지 못하고 뒤쳐진 인생을 살아온 것 같아

슬펐다. 죽은 시어를 과감하게 던져버려야 하는 것이었다. 버릴 것 버리고, 잊을 건 잊어버려야 하는 것이었다. 버리는 고통이 있어야, 얻어지는 기쁨을 맛볼 수 있을 것이라는 생각이 들었다.

　둘째 주 목요일은 수필이나 소설에 대한 강의와 회원들이 써온 글을 합평을 하는 이재웅 선생님의 시간이었다. 그 또한 나에게 새로운 충격과 함께 도저히 나는 수필이나 소설을 쓸 수 없을 것 같은 막막하고 두려운 압박감이 엄습해왔었다. 어느 인문학 강사는 '글을 쓴다는 것은 자기의 부끄러운 사생활을 비롯하여 자기가족과 친척 친구를 팔아먹는 외롭고 고통스런 작업'이라고 했다. 그렇다. 내 부끄러운 과거와 가족들의 치부와 친구들의 죄와 허물과 상처를 세상에 드러내는 뻔뻔스런 얼굴의 소유자가 작가라고 했다. 몇 날 몇 번의 고민과 망설임 끝에 내가 젊었을 때 그동안 습작으로 써 놓았던 시인지 수필인지 모르는 것들을 도마 위에 올려놓았다. '무식한 놈이 용감하다'라는 말이 딱 들어맞았다. 훌륭한 강사와 회원들의 따뜻하고 진심어린 충고와 격려와 함께, 도마 위에 올린 내 글은 예리한 회칼로 난도질을 당했으며, 모가 난 내 언어들은 망치로 두들겨 맞고 있었다. 그런데 여기서, 나는 묘한 쾌감과 오기와 도전 속에 아픈 만큼 성숙해가는 나를 느낄 수가 있었다. 이재웅 선생님은 작가의 아픔과 고통이 없이는 좋은 글을 쓸 수 없다. 잉여지식을 총동원하여 최대한 활용하라, 독자에게 늘 감동을 주는 글을 써야 한다고 강조했다. 이론을 배우고 시나 소설을 직접 쓰고, 그 작품을 발표하고, 함께 토론하고, 평을 하는 열의와 열성이 너무 뜨겁고 진지하여 그 경이로운 분위기에 압도되었다.

　이진옥 회장과 김현주 총무를 비롯하여 많은 선배회원들의 따뜻한 환대와 배려 너무 고맙고 감사했다. '내 나이가 어때서 글쓰기에 딱 좋은 나인데' 나를 위로하고 격려해 보았다. 내 시작은 비록 미약하고 보잘것없어도, 내 나중은 창대하리라는 소망을 가져본다. 목마른 사슴이 시냇물 찾는 갈급함으로 찾아온, 이 마르지 않고 끊임없이 솟아오르는 수리샘에서 흘러나오는 생수를 마음껏 마시며 존경하는 회원 여러분과 함께 행복한 문학의 세계로의 즐거운 여정을 이렇게 시작한 것이다. 시작은 언제나 늦지 않으니까. 시작은 언제나 늦지 않은 법이니까.

수리샘 18호 발간에 즈음하여

문학이란 삶의 가치 있는 경험을 상상력을 토대로 하여 언어로 짜임새 있게 표현한 예술이다. 글을 통해서 자아를 성찰하고, 사유함으로서, 자아를 새롭게 발견해가며, 자기를 치유 발전시키는, 인간의 사고활동과 창작활동 중에 가장 근원적이며 본질적인 영역이 문학이다.

글쓰기에 왕도는 없다. 따라서 꼼수도 없다. 어떤 운동이든 기초를 튼튼히 해야 잘하듯이 글쓰기에도 다져야할 기초란 것이 있다. 이것에 소홀하게 되면 더 이상 성장하지 못하고 어느 순간 글쓰기에 흥미를 잃어버리게 된다. 글쓰기를 잘하려면 이런 내면의 자만과 싸워 이겨내야 한다. 기초에 소홀하게 되면 글쓰기 능력을 키우는 데 있어서 가장 큰 걸림돌이 된다.

수리샘문학회는 지난 22년 동안 타의 추종을 불허하는 문학동호회로 성장 발전해 왔다. 강의실에 모여 문학이론을 배우고, 시와 수필, 소설을 쓰고, 직접 쓴 작품을 발표한다. 함께 토론하고 합평하는 열의가 뜨겁고 진지하여 품격 있는 문학회로 발돋음하고 있다. 그동안 우리 문학회를 거쳐 간 회원이 부지기수고, 수많은 시인과 수필가, 소설가를 배출시켰다. 뿐만 아니라 작품을 발표하지 않아도 착실히 내공을 쌓아가는 회원들이 많이 늘고 있다. 수리샘문학회가 명실공히 전문 문학동호회로 굳건히 자리매김하고 있다는 증거이다.

혁신적인 변화와 발전을 모색해 온 수리샘문학회는 올해 은승완 작가와 이재훈 시인을 지도강사로 영입했다. 신선한 수업 개편과 예리한 총평으로 문학회가 많이 활성화 되었다는 것을 피부로 느낀다. 더구나 운문과 산문 장르에 필력이 좋은 문우들이 많이 들어와 수업 분위기가 향상되었다. 글에 대한 분석력과 배려있는 예리한 합평을 통해 더욱 진정성 있는 문학회로 탈바꿈 된 것 같아 기쁘다.

금년은 수리샘문학회의 격동기라 할 수 있다. 그런 시기에 변혁적이고 관계지향 리더십을 가진 리더를 만나는 것은 중요한 일이다. 그 단체의 성장 발전은 물론이요 회원들에게는 큰 행운이자 축복이라 생각한다. 그런 의미에서 최영애 회장은 그 역할을 충실히 해냈다고 볼 수 있다. 적극적인 홍보와 성실한 상담, 따뜻한 권유와 포용력 있는 회원관리로 회원 수를 배가시킨 일이 이를 뒷받침한다.

특히 개강을 앞둔 9월초, 수리샘문학회 역사상 최초로 '회원 작품전'을 개최했다. 선·후배 회원들의 알토란같은 작품들, 시와 산문, 그림과 글씨, 귀중한 소장품 등 총 59점을 모아 전시했다. 회원들의 적극적인 참여와 협조로 훌륭한 '시화전'을 마련하여 많은 시민들이 관람하고 방명록에 좋은 글을 남겼다. 회원들에게는 자긍심을 고취시키고 지역사회에 수리샘문학회의 위상을 한층 높인 성공적인 결과라 볼 수 있다. 앞으로 몇 년마다 우리의 소중한 작품을 한 번씩 매듭지어 시화전을 준비하는 것도 의미 있는 일이라고 생각한다.

이른 봄 경건한 마음으로 뿌린 씨는 늦은 가을 기쁜 마음으로 결실을 맺으니 곧 추수다. 수리샘문학회도 올 봄부터 기름진 토양을 일궈 땀 흘려 열심히 가꾸어 왔다.

깊은 가을 이 알곡들을 모아 펴낸 수리샘문학회 열여덟 번째 동인지 〈수리샘〉 18호 발간을 축하하며 기쁘게 생각한다. 수리샘에서 솟아나는 맑은 물은 결코 마르지 않을 것이며 뿌리 깊은 나무, 수리샘문학회의 영원한 생명수가 되리라 다짐해 본다.

끝으로 올해 지도강사로 부임하신 소설가 은승환 선생님과 시인 이재훈 선생님께도 감사드린다. 또한 몸을 아끼지 않고 헌신적으로 수리샘문학회를 이끌어 오신 최영애 회장님과 집행부의 노고에 감사와 격려의 박수를 드린다. 수많은 옥고를 정성들여 산뜻하게 꾸며준 편집진에게 감사의 인사를 전한다.

열린 뜻

사단법인 열린치과의사회 창립총회를 축하하며……

2003년 2월 7일 사단법인 열린치과의사회 창립총회 및 4차 정기총회를 통해 명실상부한 비영리 사단법인체로서 힘찬 출발을 진심으로 축하하면서 이에 걸맞는 계속적인 활동을 기대해 마지않는다. 열린치과의사회를 발족한 발기인들이 처음 열린치과의사회의 이름도 정하기 전, 서울 시청부근 어떤 식당에서 모였을 때 필자도 그 자리에 같이 한 적이 있었다. 그때 모인 사람들의 눈빛 속에서 큰일(?)을 낼 것이라는 것을 읽을 수 있었다고 말하면 너무 앞서 갔다고 하겠지만 여하튼 그런 느낌을 받았다. 그때부터 이 모임에 관심은 약간 있었지만 적극적으로 참여하지는 않았는데, 열린치과의사회가 발족하고 "열린 뜻" 지가 발간되어 거기에 실린 취지문을 읽고 큰 감동을 받았다.

〈열린치과의사회〉는 "천년의 끝자락에서 지난 세기에 우리가 특히 치과의사들이 부족했던 사랑과 봉사와 헌신을 새로운 천년에 꽃피우기 위해 열린 마음을 펼치고자 한다."는 취지와 아울러 "그동안 닫힌 전문 치과인의 마음의 문을 열도록 노력하겠다."는 취지와 더불어 "누구도 돌보지 않는 다수의 소외된 이와 고통을 함께 나누어 새로운 천년에는 그들에게 보람된 삶의 지평을 열어 베풀고 나누는 삶을 사는, 사회, 경제, 정치, 사법, 종교 등 다방면의 사람들과 만남의 장을 마련하여 우리의 닫힌 마음을 열고 소통하고 봉사하는 따뜻한 모임이 되겠다." 뜻에 신선한 충격과 큰 도전을 받았던 것이다. 그러나 선뜻 마음을 결정하지 못하고 차일피일 세월만 보내다가 이기형 고문님과 신덕재 회장님, 안창영 부회장님의 권유와 초청으로 이번 사단법인 열린치과의사회 창립총회에 참석하게 되어 매우 영광스럽고 기쁘기 그지없다. 우리가 치과의사로서 하나님께로부터 받은 은사와 재능, 사회로부터 받은 많은 혜택과 배려에 감사하며, 이제는 이러한 모든 것에 같이 나누고, 베풀고, 환원해야 한다고 생각한다.

한 장애자요, 정신병자의 어처구니없는 행동으로 엄청난 대구 전철 화재 참사가 발생하여 온 나라와 온 세계가 큰 충격과 두려움과 슬픔 속에 빠지게 됨을 보고 경악하지 않을 수가 없었다. 이번 사건을 보고 필자는 작금의 우리 사회가 심한 중증의 정신질환을 앓고 있다는 생각을 해보았다. 이러한 중증의 정신질환을 예방하거나, 치료하는 길은 사랑밖에 없으며 이러한 책임이 우리에게 있다는 생각을 해 보는 것이다. 서로서로가 끊임없는 관심과 대화를 통해서 서로를 위로하고, 누구도 돌보지 않는 다수의 소외된 이들과 고통을 함께 나누며 따뜻하게 보살피며 헌신하는 사랑의 실천만이 더불어 잘 살아가는 아름다운 세상이 될 것이라고 생각한다.

하나님이 우리에게 주신 달란트(재능)에 감사해서, 치과전문의로서 노숙자들을 위한 쉼터와 제1치과진료소 설립, 노숙자들을 위한 위문공연, 가뭄대책성금지원, 노인복지센터에 제2치과진료소를 개설하고, 북한에 어린이치과진료소인 제3치과진료소를 준비 중에 있으며, 등등 여러 가지 행사를 통해 헌신하고 봉사하는 열린치과의사회가 너무 아름답다. 이제는 그야말로 마음을 활짝 열고 개방하여 열린 뜻을 가진 많은 치과인들의 힘과 지혜를 모아서 실천하고 행동함으로서 헌신을 다해야 할 것이다. 낮게 구부리는 자세, 겸손한 자세는 지혜로운 삶, 참된 삶, 창조적인 삶을 살아가려는 이에게는 일생동안 필요한 삶의 기본자세라는 사실도 잊지 말기를 바라면서 열린치과의사회의 무궁한 발전을 바라마지 않는다. 끝으로 평소 필자가 좋아하는 롱펠로우 시를 나누면서 다시 한 번 사단법인 열린치과의사회 창립을 축하하는 바이다.

나는 어느 날 활을 쐈다.

그 화살은 멀리 허공으로 날아갔다.

나는 어느 날 노래를 불렀다.

그 노래는 하늘 저쪽으로 사라졌다.

그러나 먼 훗날 나는 내가 쏜 화살이

큰 나무에 힘차게 박혀있는 것을 보았고,

내가 부른 노래가 옛 친구의 가슴속에

정답게 남아있는 것을 발견했다.

2003년 4월 1일
서울시치과의사회 의장 김계종
'열린 뜻' 지 영인축쇄본 창간회~제111회 통권 39회 중에서

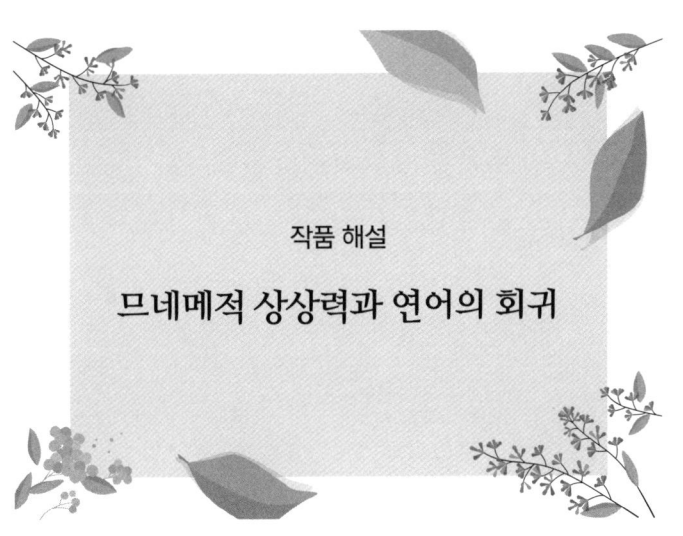

작품 해설

므네메적 상상력과 연어의 회귀

므네메적 상상력과 연어의 회귀

김영철

(문학평론가, 서울대 국문학과 동대학원 박사 학위, 건국대 명예교수)

　이어령은 사랑의 유형을 바다를 닮은 사랑과 강을 닮은 사랑으로 구분한 바 있다. 바다를 닮은 사랑은 폭풍우처럼 열정적이고 거친 사랑이다. 반면 강을 닮은 사랑은 잔잔하고 고요한 사랑이다. 그러면서도 조용히 움직이며 조금씩 성숙해 간다. 강은 얼핏 보면 전혀 흐르는 것 같지 않지만 반드시 처음과 끝은 움직인다. 그리고 마침내 바다에 이르게 된다. 움직이지 않지만 움직이는 내밀한 사랑, 그것이 강을 닮은 사랑이다.

　『나에게 쓰는 편지』는 강을 닮은 에세이다. 강처럼 조용히 흐르지만 그 속에는 흘러온 세월의 흔적이 퇴적물처럼 쌓여 있다. 김계종의 인생의 강에는 수많은 고뇌와 번민, 기쁨과 슬픔의 회한(悔恨)이 조용히 물결치고 있다. 그것을 므네메(mneme)적 상상력으로 소환하여 문학적으로 재구(再構)한 것이며 유수 같은 세월 속에 침전된 기억의 보고(寶庫), 금싸라기 같은 추억의 창고인 것이다.

작가 스스로도 인생은 시냇물에서 강으로, 강에서 바다에 이르는 길이라고 하지 않았던가.(〈내 문학의 시원(始原)을 찾아서〉)

우리는 『나에게 쓰는 편지』를 통해 김계종이 살아온 인생의 강을 만날 수 있다.

므네메적 상상력은 문학의 개성적 상상력이다. 므네메는 기억소(記憶素)인 므네몬(mnemon)에서 파생된 말이다. 신경계통의 의학용어에서 따온 것이다. 곧 과거의 기억들을 소환, 재생하여 문학적 형상화의 모티브가 되는 것이다.

므네메적 상상력에 토대를 두고 시를 쓴 시인은 김소월이 대표적이다. 그의 시는 모두 과거로 향하고 있다. 미래에 당신을 만나더라도 이미 그는 헤어진 인물 곧 잊혀진 존재로 그려진다.(〈먼 후일〉) '과거적 현재, 과거적 미래'가 소월의 시적 시제(時制)다. 이런 점에서 이 수필집은 소월의 시적 상상력에 물꼬가 닿아 있다.

작가는 자신을 한 마리 연어라 했다. 그의 글은 연어의 모천회귀(母川回歸) 본능에서 비롯된 분비물이다. 연어는 반드시 자기가 태어나 자란 모천으로 회귀한다. 그처럼 김계종은 한 마리 연어가 되어 과거로의 여행, 추억여행을 떠난다. 한 마리 연어의 모천여행, 그 아름다운 여행기가 『나에게 쓰는 편지』인 것이다.

수필(隨筆)은 따를 수(隨), 붓 필(筆)의 합성어다. 그야말로 붓

가는 대로 쓰는 양식인 것이다. 붓 가는 대로 쓴 글이지만 그 속에는 한 개인사의 궤적과 흔적이 고스란히 녹아있다. 지나온 세월의 흔적을 이처럼 생생히 재구해 놓은 작품을 만나기는 쉬운 일이 아니다.

『나에게 쓰는 편지』는 자전적(自傳的) 에세이다. 태어나면서 살아온 김계종의 삶의 흔적을 세세하게 기록하고 있다. 그런 점에서 이 책은 한편의 자서전에 가깝다. 회고적 에스프리(esprit)로 '생의 한가운데'에서 살아온 자신의 삶을 생생히 소환하고 있다. 그런 점에서 이 수필집은 독일 작가 루이제 린저의 『생의 한가운데』를 연상시킨다.

이 책에는 김계종이 살아온 생의 파노라마가 다큐 영화처럼 생생하게 펼쳐진다. 그는 평생 일기를 써 왔다. 그 일기가 작가의 문학적 상상력의 시원(始原)이 됐다고 했다. 그래서인지 그의 문체는 일기체 문장을 닮았다. 지나간 생의 체험을 꼼꼼하고 세밀하게 일기를 쓰듯이 기록하고 있다.

그의 글을 읽다 보면 마치 한 편의 다큐멘터리를 읽는 느낌이 든다. 글을 읽는 것이 아니라 영화를 보는 것 같다. 지난 세월, 잊고 잃어버린 것도 많을 텐데 어찌 이렇게 디테일한 것까지 소환해 내는지 작가의 탁월한 기억력이 놀랍다. 정녕 므네메의 여신이 도래한 것으로 다큐 에세이의 정수(精髓)를 보여준다.

그러나 한 개인의 지난 세월과 삶을 정리한다면 그것은 개인사의 기록물에 불과할 것이다. 그의 글은 물론 작가의 개인사의 회고에 바탕을 둔 글이지만 그 영역을 넘어서고 있다. 시대사를 생생히 증언하고 있는 것이다. 초등학교 때 겪었던 6.25, 대학 시절의 4.19, 5.16 등 한국 근대사의 큰 물줄기를 생생히 기록하고 있다. 김계종의 수필집을 읽다 보면 한 편의 역사책을 보는 느낌이 든다. 전쟁과 혁명 같은 정치적 거시담론(巨視談論)뿐 아니라 의식주에서 패션에 이르기까지 당대의 생활과 풍속을 세세히 담아내고 있다. 그런 점에서 이 책은 근대 정치사요, 사회 풍속사라 해도 좋을 것이다. 개인사의 차원을 넘어 사회사의 거시적 지평으로 상상력을 펼쳐 내고 있는 것이다.

다큐 에세이는 사실의 기록에 치우치다 보면 자칫 건조한 문체로 끝나기 쉽다. 그러나 『나에게 쓰는 편지』는 시적 문장으로 유려미와 서정미의 진수를 맛보게 한다. 김계종은 수필가이면서 시인이다. 그래서 므네메적 상상력을 시적 상상력으로 승화시킨다. 그야말로 시적 수필, 시수필의 경지를 펼쳐 놓은 것이다. 이효석의 명작 『메밀꽃 필 무렵』은 시로 쓴 소설이다. 이를 우리는 '시소설'이라 부른다. 이처럼 김계종은 시와 수필의 경계를 넘어서 '시수필'의 경지를 보여준다.

시적 상상력의 지평은 기욤 아폴리네르의 〈미라보 다리〉에서 유치환의 〈행복〉, 그리고 자신의 자작시(自作詩)에 이르기까지 폭넓게 펼쳐지고 있다. 시의 세례를 받음으로써 그의 수필은 아름다운 무지갯빛 광채를 띠게 된다.

벽에 걸린 시계 속 나무둥지에
뻐꾸기 한 마리 비틀어진 시간을 먹고
하늘을 꿈꾼다.
어둠 깊은 곳에서 더 이상 주체할 수 없는 슬픔이
북받쳐 올라 목울대를 칠 때
비로소 울음이 완성된다.
(…)
부서진 날개 안간힘 다해
단 한 번의 날갯짓으로
허공을 꿈꾼다.
약속의 공간 문 닫고 들어가면
님을 향한 그리움
휘어진 공간에 시간은 강물이다.

〈뻐꾸기시계〉에 인용된 자작시이다. 이 시로 뻐꾸기시계처럼 꼼꼼히 살아온 아버지에 대한 추억이 서정적으로 채색된다. 아버지는 부서진 날갯짓으로 가족들을 부양하며 인생의 울음을 완성했던 것이다. 뻐꾸기시계 같은 아버지의 일생이 한 편의 시 속에 그대로 응축되어 있다.

학창 시절의 꿈과 낭만을 그려낸 〈동숭동 골목길에서 길을 찾다〉를 시적으로 채색한 것은 아폴리네르의 〈미라보 다리〉였다. 문리대와 치대 사이를 흐르던 세느강에 걸쳐 있는 미라보 다리, 그것은 작가의 청춘의 다리였고, 낭만의 가교(架橋)였다. 길을 잃은 청춘의 골목길에 희망과 꿈의 무지개가 열리던 아름다운 미라보 다리가 있었던 것이다.

'그리운 이여, 안녕, 설령 이것이 마지막 인사가 될지라도 사랑하였음으로 진정 행복하였노라'(유치환, 〈행복〉)는 시구는 자식들에게 죽기 전에 남긴 유서(〈편지 같은 유서〉)의 의미를 더해 주고 있다. 너희들(자식들)을 사랑했음으로 내 인생은 진정 행복했다는 아버지의 진솔한 고백이 드러난다. 이러한 시적 수필은 〈굿바이 패티킴〉은 신석정의 〈임께서 부르시면〉, 〈세실리아에게〉는 김남조의 〈겨울바다〉로 확장된다.

자작시도 많이 쓰고 있는데 〈소공동 거리〉, 〈열린 뜻〉이 대표적이다. 때로는 고려가요 〈청산별곡〉을 차용하여 〈군포별곡〉(〈슬기로운 군포생활〉)을 쓰기도 한다. 〈청산별곡〉의 초월적 삶을 〈군포별곡〉의 자연친화적 삶에 오버랩시키고 있다. 〈호랑나비〉는 손가락에 잡힌 호랑나비의 생(生)과 사(死)의 극단적 체험을 시적 상상력으로 풀어내고 있다. 〈호랑나비〉는 단순한 산문이 아니라 작품 전체가 한편의 산문시다. 이처럼 『나에게 쓰는 편지』는 시적 수필, 수필시의 오묘한 경지를 보여준 수작(秀作)이다.

김계종의 므네메적 상상력은 디테일한 필사력, 탁월한 묘사력으로 더욱 빛을 발한다. 현미경을 들이대듯이 구체적이고 사실적인 관찰과 묘사가 돋보인다. 마이크로스코프(microscope, 현미경)적 상상력이 빛을 발하고 있는 것이다. 그로 인해 독자들은 실감나게 작가의 상상력 속에 빨려든다. 〈굿바이 패티킴〉은 패티킴의 공연 장면이 치밀하게 묘사되어 마치 무대 현장에 서 있는 느낌을 준다. 녹화된 필름을 재생하듯이 생생하게 전달되는 것이다.

〈동숭동 골목길에서 길을 찾다〉는 대학시절 하숙집이 있던 동숭동의 골목길 추억을 생생하게 재현하고 있다. 오랜 세월이 흘렀건만 어찌 그리 골목길 풍경을 세밀하게 그려내는지 실로 작가의 기억력이 감탄스럽다. 찻집이 있던 명동거리의 묘사는 또 어떻던가. 이는 단순한 기억이 아니라 젊은 시절에 대한 애정이 빚어낸 추억의 산물일 것이다.

〈걸어서 세계 속으로〉는 치밀한 필사력 덕분에 정말 걸어서 세계 속으로 들어가는 기분을 느끼게 해 주고, 〈한 장의 사진〉은 독자가 치과의사가 되어 축구선수 차범근의 치아를 치료하는 실감을 갖게 해 준다. 이러한 작가의 마이크로스코프적 필사력(筆寫力)으로 그의 개성적 양식인 다큐 수필이 빛을 발한다.

『나에게 쓰는 편지』는 작품 도처에 적절한 에피그램(epigram, 警句)을 구사함으로써 주제의 심화와 독자의 공감대를 넓혀주고 있다. 대부분의 작품에 주제에 걸맞은 에피그램 한 편씩을 담아 놓고 있다. 대부분 철학자나 성경, 불전(佛典) 등의 구절을 차용하지만 그것을 작가의 사상과 신념으로 전이(轉移)시키기도 한다. 소크라테스의 '너 자신을 알라'는 유명한 명제를 '너 자신을 먼저 사랑하라'는 경구로 변전시켜 '자신을 사랑할 줄 모르는 자는 남을 사랑할 수 없다'로 승화시키고 있다.(〈나를 사랑하자〉)

'여행은 새 풍경을 보는 것이 아니라 새로운 눈을 갖는 것'이라는 프루스트의 말(〈잃어버린 시간을 찾아서〉)을 '여행은 용기 있는 자만이 맛보는 별미'요, '내 삶을 깨닫게 해주는 삶의 조미료'로 해석한다. 명사(名士)의 에피그램이 작가의 명언으로 재탄생되는 것이다. 풀잎에 젖은 이슬 같은 초로(草露) 인생, 구름처럼 떠가는 부운(浮雲)의 생(生)을 '너희는 잠깐 보이다 없어지는 안개니라'는 성경 말씀으로 변형시키기도 한다.(〈편지 같은 유서〉)

때론 작가 자신의 에피그램을 동원하기도 한다. 여행은 돌아갈 집이 있어서 즐거운 것이라는 역설적 에피그램은 실로 감동적인 명구다. 나이 먹고 늙어가는 인생을 '백발은 인생의 면류관'(〈치과의사의 백발〉)으로 비유하기도 하고, '웃음은 명약이다'(〈웃음치료〉)로 명약보다 값진 웃음의 의미를 부각시킨다. 인생길은 골목길인 만큼 선택한 골목길에서 최선을 다함이 인생의 의미임을 깨닫게 해준다.(〈동숭동 골목길에서 길을 찾다〉)

'고해의 인생에서 나를 참고 견디게 해 준 것은 사랑이다'(〈나에게 쓰는 편지〉)는 인생에서 사랑의 절대적 가치를 부각시킨다. '인간은 너를 통한 나, 나를 통한 너의 의미 속에 살고 있다'는 표현도 의미심장하다.

이처럼 『나에게 쓰는 편지』는 경구의 적절한 배치와 운용으로 작품의 주제를 심화시키고 작가의 신념을 강화시켜 '에피그램 수필'의 신경지를 펼치고 있다.

『나에게 쓰는 편지』는 자전적 에세이다. 회고적 에스프리로 구축된 '기억의 집'이다. 80여 년 살아온 김계종의 인생여정이 파노라마처럼 펼쳐진다. 친구, 연인들의 이야기도 있지만 가족사적 기록이 주종을 이룬다. 6.25를 치렀던 소년시절에서 중고등 시절, 대학 청년기, 군복무, 치과의사로서의 삶, 시인, 수필가로서의 노년기의 일화가 연대기처럼 펼쳐진다. 그야말로 자신의 인생을 정리한 자전적 에세이다. 이 책 속에는 3남 3녀의 맏아들로서 살아온 한 사람의 생애가 그대로 녹아있는 것이다.

〈꽈배기〉는 공무원이던 아버지가 직장을 잃고 사업에 실패하면서 겪어야 했던 가족들의 고난을 생생히 그리고 있다. 오빠를 위해 공부 잘하던 누이가 대학을 포기하고 희생해야 했던 이야기는 비극적 감동을 준다. 꽈배기처럼 인생이 꼬여버린 가족, 누이동생의 한 맺힌 삶이 생생하게 기술되고 있다. 유년기에 맛있게 먹던 꽈배기가 인생의 쓰디쓴 꽈배기로 다가올 줄은 누가 알았던가.

〈내 문학의 시원(始原)을 찾아서〉는 작가의 문학적 원동력이 일기쓰기에 있었음을 밝힌 글이다. 어린 시절부터 지금까지 일기를 쓴다는 자체가 감동적이다. 그게 어디 쉬운 일인가. 이 글에서는 6.25 때 피난살이 했던 고달픔이 사실적으로 묘사되고 있다. 그 고난이 어찌 작가의 개인적 고난이었으랴. 전쟁을 치른 우리 민족의 생채기요, 고통이었다. 대학시절 겪은 4.19, 5.16의 역사적 현장도 낱낱이 기술된다.

〈끽연과 금연〉은 작가의 취미였던 담배피기로 인생사를 풀어놓은 글이다. 30년 가까이 피웠던 담배는 작가의 반려요, 연인이었다. 담배는 청년기의 고뇌와 번민을 풀어주고 의사로서 피로와 의무감을 달래주는 위무제요, 안정제였다. 하지만 환자들을 위해 단호히 금연을 결심한다.

금연에 성공한 기쁨을 그는 '예수님의 부활'로 비유하고 있다. '치료 대신 환자의 고통과 벌거벗은 순수한 정을 배워야 한다'는 의사로서의 신성한 책무를 깨달았던 것이다. 담배로 환자를 괴롭혀서는 안 된다는 자기각성이었다. 그런 점에서 끽연과 금연은 그의 인생사에서 획시기적인 사건이었다. 〈걸어서 세계 속으로〉는 치과의원을 개업한 후의 삶을 정리한 글이다. 특히 36년간 공들여 이끌어온 동기들 모임인 '거상회'의 재미있는 일화들이 펼쳐진다.

〈동숭동 골목길에서 길을 찾다〉는 대학시절의 추억여행이다. 고뇌와 번민으로 점철됐던 청춘의 방황을 꼬불꼬불한 골목길에 의탁하여 기술하고 있다. 고뇌와 번민의 청춘기지만 그래도 세느강 변에 핀 노란 개나리처럼 희망과 낭만도 있었다. 누구나 겪게 되는 청춘시절의 방랑과 방황, 작가 역시 그런 통과제의(通過祭儀)를 겪었던 것이다. 젊은 회색인으로 살아가며 세느강, 미라보 다리를 배회하던 작가의 학창 시절의 모습이 떠오른다. "미라보 다리 아래 세느강이 흐르고 / 우리들의 사랑도 흐르네 / 기쁨은 늘 슬픔 뒤에 오는 것…"이라는 아폴리네르의 시구는 그에게 마음의 어둠을 걷어내는 카타르시스(catharsis)였다.

〈편지 같은 유서〉는 동생과 함께 한 인생의 고락(苦樂)을 그리고 있다. 가출, 고통스런 군복무 시절, 돈이 없어 탤런트를 포기해야 했던 일, 공장을 차려 행복한 삶을 꾸렸으나 끝내 화재로 짧은 삶을 마감해야 했던 동생의 파란만장한 삶이 영화 장면처럼 펼쳐진다.

그밖에 용돈에 얽힌 아버지의 이야기를 그린 〈아버지의 용돈〉, 치과의사가 되기 위한 과정과 일화를 담은 〈진료 약속부〉, 의사, 합창단원, 시인의 삶을 살게 된 인생 회고사 〈삼모작〉이 있다. 심지어 중3 때 친구들이 써 준 '메모리'도 그대로 실려 있다. 〈세실리아에게〉 역시 'BELL'이라는 필명으로 연인에게 써 준 편지다. 이처럼 『나에게 쓰는 편지』는 다큐 에세이의 정수를 보여준다.

한 사람의 인간과 인생을 허물없이 진솔하게 만난다는 것은 큰 축복이다. 작가가 말했듯이 '나는 너를 통해, 너는 나를 통해' 인생의 의미를 찾을 수 있기 때문이다. 『나에게 쓰는 편지』를 통해 우리는 작가의 삶을 들여다보고, 내 삶을 정리해 볼 수 있는 기회를 얻게 된다. 작가의 진술한 삶의 고백을 통해 생의 한가운데서 배회하는 내 삶을 되돌아보는 자기성찰의 계기를 갖는 것이다.

김계종은 다큐 에세이, 마이크로스코프적 필사력, 므네메적 상상력, 에피그램의 활용, 시적 산문을 통해 수필 양식의 신경지를 개척한 수필의 선구자다. 동시에 우리에게 인간은 무엇이고, 삶이 무엇인가 하는 존재론적 깨달음을 현시(顯示)하고 있는 철학자이기도 하다.

나에게 쓰는 편지

초판 1쇄 발행일 2023년 8월 1일

지은이 김계종
펴낸이 곽혜란
편집장 김명희
디자인 김지희

도서출판 문학바탕
주소 (07333) 서울시 영등포구 여의대방로 379 제일빌딩 704호
전화 02)545-6792
팩스 02)420-6795
출판등록 2004년 6월 1일 제 2-3991호

ISBN 979-11-86418-97-0 (03810)
정가 17,000원

* 이 책의 저작권은 저자에게 있으며 이 책의 전부 또는 일부를
  이용하시려면 저작권자의 서면동의를 받아야 합니다.
* 이 책은 국립중앙도서관, 국회도서관 홈페이지에서 검색 가능합니다.
* 문학바탕, 필미디어는 (주)미디어바탕의 출판브랜드입니다.